职业教育旅游类专业精品教材

旅游美学

主　编　薛琳之　龚　娜　赵秋静
副主编　刘　红　邬前伟　刘　华
参　编　户月青　刘小凤　蒋媛媛
　　　　贾　超

北京理工大学出版社
BEIJING INSTITUTE OF TECHNOLOGY PRESS

内容简介

本书以立德树人为根本目标，以旅游过程中的审美关系为主线，从"情景交融"的旅游审美现象入手，对旅游审美对象、旅游审美心理和旅游审美教育，进行深入浅出的描述和分析。在编撰过程中，作者针对中等职业学校学生的特点，注重启发性、趣味性和美文效果。本书可作中等职业学校旅游服务与管理、饭店服务与管理专业教材，也可作旅行社及其他服务行业岗位培训教材。

版权专有　侵权必究

图书在版编目（CIP）数据

旅游美学/薛琳之，龚娜，赵秋静主编．－－北京：
北京理工大学出版社，2022.4
ISBN 978-7-5763-0792-4

Ⅰ.①旅⋯ Ⅱ.①薛⋯ ②龚⋯ ③赵⋯ Ⅲ.①旅游－
美学－教材 Ⅳ.①F590

中国版本图书馆 CIP 数据核字（2021）第 260960 号

出版发行 / 北京理工大学出版社有限责任公司
社　　址 / 北京市海淀区中关村南大街 5 号
邮　　编 / 100081
电　　话 /（010）68914775（总编室）
　　　　　（010）82562903（教材售后服务热线）
　　　　　（010）68944723（其他图书服务热线）
网　　址 / http://www.bitpress.com.cn
经　　销 / 全国各地新华书店
印　　刷 / 定州启航印刷有限公司
开　　本 / 889 毫米 × 1194 毫米　1/16
印　　张 / 7.5
字　　数 / 148 千字
版　　次 / 2022 年 4 月第 1 版　2022 年 4 月第 1 次印刷
定　　价 / 29.00 元

责任编辑 / 王晓莉
文案编辑 / 王晓莉
责任校对 / 刘亚男
责任印制 / 边心超

图书出现印装质量问题，请拨打售后服务热线，本社负责调换

前言

　　进入21世纪后，中国旅游业已经开始进入全面转型升级阶段。在这个阶段，旅游市场的主体、客体类型在发生变化，更重要的是旅游服务质量也在全面提升。在旅游业粗放经营的时代，服务质量更多的是从初级服务技术上体现出来的。但是，随着市场产品和经营模式的全面升级，服务质量开始从初级服务技术向高层次提升。在这种背景下，一批高层次服务技能类课程被摆放到旅游类专业教育重要的位置上。"旅游美学"就是其中比较典型的课程之一。

　　当前旅游业已成为世界上发展势头最为强劲的产业，如何才能在竞争日趋激烈的市场中占据自己的一席之地，甚至成为佼佼者呢？我国已将旅游业确定为第三产业的带头产业予以大力发展。伴随着我国旅游事业的迅速发展，我国旅游资源开发及"硬件"建设正不断增强和完善，但是旅游业的"软件"建设则显得十分薄弱，特别是旅游经济、旅游文化理论研究及人才培养滞后，因此旅游美学研究就显得尤为重要。旅游的过程本质上就是审美体验的过程，是寻找美、发现美、欣赏美、沉醉于美的过程。旅游是一次寻求人与自然、人与社会、人与自我和谐相处的经历，而这种和谐的美所带来的愉悦正是旅游体验的最高境界。旅游美学以旅游审美对象（即旅游者的观赏对象）、旅游审美主体（即旅游者）为其研究对象，分析旅游活动中的各种审美关系，并总结其中的规律性。旅游美学多以实践为出发点，注重美与现实的直观性联系，强调美与社会生活的结合。既有很强的实用性和针对性，又有自己独特的系统。

　　本书力求根据旅游市场对人才需求和中等职业学校的教学特点进行编写。第一，对于旅游理论与旅游知识部分的内容，抓住其基础性，力戒过多、过深的理论阐述，以"够用"为原则。第二，突出常用的基本知识与基本技能的主体地位，以体现其实用性。第三，根据中职学生形象思维能力强的特点，书中选取了大量的图片、阅读材料，以有利于学生形成较强的审美意识与审美推介的实际操作能力，以适应职业岗位的需要，突出其职业性。第四，考虑到学生的差异性，穿插了一些启发性的游戏题目或心理测验，主要目的是增强本书的趣味性，满足年轻读者探究的愿望。第五，以国内为主兼顾国外，突出其广博性。

本书特别引入了"三教"改革的理念，力图以旅游从业者的工作内容作为基本切入点，以自然景观美及其欣赏方法、人文景观美及其欣赏方法、中国民俗文化美及其欣赏方法为全书主要构成部分，分析审美过程中影响或制约审美情趣及审美水平的各因素，使学生在系统学习后能够掌握旅游美学研究的主要对象、理论基础等相关知识，更能在理论的指引下强化以思维力、意志力、口语表达能力为主的基础能力，培养良好的旅游职业道德和职业素质，树立正确的审美意识和审美观念，并将其运用于旅游服务工作中。

在编写思路上，按照深入浅出、由浅入深的原则，力求运用形象的语言和生动的描述，来传导旅游美学理念。编者借助案例和故事引导读者开动脑筋、积极求索，使读者有"豁然开朗"式的感悟，这样，才能更为深刻地感悟眼前的山水景观，成为引导个人产生审美升华的外在动因。

本书由薛琳之、龚娜、赵秋静担任主编，负责全书的整体设计、内容选定和统稿；刘红、邬前伟、刘华担任副主编，负责资料的收集；户月青、刘小凤、蒋媛媛、贾超参与编写。其中，单元1和单元2由薛琳之编写；单元3和单元5由龚娜编写；单元4、单元6和单元7由刘红、邬前伟、刘华编写；单元8和单元9由户月青、刘小凤、蒋媛媛、贾超编写；赵秋静对本书的编写提出了诸多建设性建议，并提供了丰富的案例内容。

在编写本书的过程中，编者参阅了大量的相关著作，特向原作者致以诚挚的谢意。书中部分图片选自相关网络，在此一并作谢。

由于编者水平有限，不足之处在所难免，请广大读者批评指正。

目录 CONTENTS

单元 1　美学理论与旅游 ·· 1
　1.1　美学的基本概念 ·· 1
　1.2　旅游的本质是审美 ·· 5

单元 2　旅游审美特性 ·· 10
　2.1　旅游审美需求与旅游审美动机 ·· 11
　2.2　旅游美学审美对象的一般形态 ·· 15
　2.3　旅游美学研究的范围和理论基础 ······································ 17

单元 3　旅游审美心理 ·· 23
　3.1　旅游审美心理要素 ·· 23
　3.2　审美心理过程 ·· 26
　3.3　旅游审美能力培养 ·· 28
　3.4　旅游审美阶段 ·· 29

单元 4　旅游审美的基本原理和方法 ·· 35
　4.1　动态观赏与静态观赏 ·· 36
　4.2　移情与距离 ·· 39
　4.3　时机与位置 ·· 41
　4.4　节奏与重点 ·· 43

单元 5　自然景观审美 ·· 46
　5.1　认识自然景观 ·· 47
　5.2　了解自然景观的审美特性 ·· 50
　5.3　山地自然景观与审美鉴赏 ·· 51

5.4　水体自然景观与审美鉴赏 …………………………………………………… 53

5.5　大气与天象自然景观与审美鉴赏 …………………………………………… 59

5.6　生物自然景观与审美鉴赏 …………………………………………………… 61

单元 6　人文景观审美 …………………………………………………………… 64

6.1　认识人文景观 ………………………………………………………………… 65

6.2　了解人文景观的审美特性 …………………………………………………… 67

6.3　园林景观与审美鉴赏 ………………………………………………………… 69

6.4　建筑景观与审美鉴赏 ………………………………………………………… 74

6.5　雕塑景观与审美鉴赏 ………………………………………………………… 77

单元 7　中国民俗文化与审美 …………………………………………………… 85

7.1　了解中国民俗文化 …………………………………………………………… 86

7.2　服饰民俗与审美 ……………………………………………………………… 87

7.3　饮食民俗与审美 ……………………………………………………………… 91

7.4　居住民俗与审美 ……………………………………………………………… 92

7.5　岁时节日民俗与审美 ………………………………………………………… 95

7.6　人生礼仪民俗与审美 ………………………………………………………… 99

单元 8　旅游纪念品审美 ………………………………………………………… 103

8.1　认识旅游纪念品 ……………………………………………………………… 104

8.2　旅游纪念品设计原则与方法 ………………………………………………… 105

单元 9　旅游工作者的审美修养 ………………………………………………… 108

9.1　旅游者的审美修养 …………………………………………………………… 109

9.2　旅游工作者的审美修养 ……………………………………………………… 110

9.3　提高导游旅游审美修养的途径 ……………………………………………… 111

参考文献 …………………………………………………………………………… 113

单元 1

美学理论与旅游

案例

东京奥运会开幕式过后，网络"吐槽"声响成一片。

分析：

从美学角度出发，你如何客观地评价东京奥运会开幕式？

1.1 美学的基本概念

1.1.1 中国美学发展史

近代以前，中国虽有悠久的审美意识史和丰富的美学思想，但并不存在科学的、严格意义上的"美学"。中国有"美"有"学"的历史，要到20世纪初才算真正开启。在中国，"美学"诞生于19世纪末20世纪初，是"西学东渐"的产物，是中西学术文化与美学思想激情碰撞、初步交融的成果。中国美学的发展基本上可分为中国现代美学开创奠基时期、建设发展时期、当代反思超越时期三个时期。

单元1　美学理论与旅游

1. 开创奠基时期

20世纪初期至中华人民共和国建立前是中国现代美学的开创奠基时期。1904年，王国维发表了《〈红楼梦〉评论》，研究《红楼梦》之美学上之价值，视《红楼梦》为"悲剧中的悲剧"，从此拉开了中国现代美学的大幕。1940年，蔡仪《新美学》的出版，被认为是马克思主义美学的正式登场。

2. 建设发展时期

20世纪50年代中国一度出现了美学大讨论。这次大讨论的主题是美的本质问题，即美是什么；论争的焦点是如何回答美学中的哲学基本问题。主要产生了以吕荧、高尔泰为代表的主观唯心主义美学，以蔡仪为代表的客观唯物主义美学，以朱光潜为代表的二元论主客观统一美学，以李泽厚为代表的马克思主义实践美学四大学派。就美学发展而言，这次"美学大讨论"在中国是史无前例的，被学界冠以"50年代美学大讨论""中国美学四大派"等学术荣誉。

20世纪70年代末到80年代初，我国美学的发展进入了"深化期"，美学界达成以马克思的实践观点来建构美学本体论的共识。实践美学是这一时期美学理论研究的最高水平。李泽厚的《美学四讲》就是实践美学思想体系的集中体现和具体展开。此外，刘纲纪的马克思主义实践本体论美学思想体系、蒋孔阳的实践创造论美学思想体系，都"合"到了马克思主义实践美学上。

3. 反思超越时期

20世纪90年代中后期，生命美学、生存美学、体验美学、超越美学、否定美学、和合美学等流派纷纷出现，拉开了美学转型的序幕。1993年，杨春时提出的"超越实践美学，建立超越美学"观点，开创了中国当代美学的新气象。在海德格尔思想的启发下，生命美学思潮以生存作为美学的逻辑起点，以生命取代实践，并将生命设置为美学的基石，因此，被称为"后实践美学"。为此，中国美学研究出现了"后实践美学"和实践美学的争辩。实际上，实践美学与"后实践美学"之间的争论是对实践论美学的反思，对活跃和推进中国美学的研究与建设具有十分重要的意义。

20世纪90年代，中国学者还提出了生态美学理论，曾繁仁、陈望衡、徐恒醇、刘成纪等开启了这一领域，并出版了《生态存在论美学论稿》《生态美学》等著作。实践美学与"后实践美学"表达的都是一种以人为中心的美学，即以人的审美活动为主体产生的自然美、艺术美、社会美等美学领域和美学体系。生态美学则主张人与自然互为主体、和谐相处，人需要去敬畏、体察与关爱生态。因此，生态美学代表的是一种美学整体观念的转变。

1995 年，国际美学美育会议在深圳召开，这是中国内地举办的第一次国际美学研讨会，标志着美学研究国际化与全球化时代的到来。在全球化时代着眼于人类发展的现状与未来，中国现代美学的发展已呈现出多元化发展趋势，展现了中国美学研究的"多极而共生"的健康走势。

1.1.2 美学的概念

美的定义是美学中最难的问题。在人类历史上第一篇系统研究美学的文章《大希庇阿斯篇》中，作者借苏格拉底的口总结道："美是难的。"

18 世纪欧洲兴起了"实验美学"热，意图从具体的美的事物中找到美的本质，从而给出美的定义，如"美是生活""美是人的对象化"。

美学对美的定义是：人对自己的需求被满足时所产生的愉悦反应，即对美感的反应。中国美学是中国特色美学理论的总称，指中国文学与艺术所追求和表现的中国人的宇宙观、人生观，中国人审美心理特征和推举的艺术精神，中国美学的价值观念和心灵体验，中国艺术的意境营造与鉴赏特征等原理。

美学是从人对现实的审美关系出发，以艺术作为主要对象，研究美、丑、崇高等审美范畴和人的审美意识、美感经验，以及美的创造、发展及其规律的科学。美学是以对美的本质及其意义的研究为主题的学科。美学作为哲学的一个分支，主要研究艺术中的哲学问题，而非艺术的具体表现，因此又称"美的艺术的哲学"。例如，儒家美学的突幽创造新变流动，道家美学的齐同万物，《楚辞》的烂漫美学，禅宗保任圆成的境界美学等形态。

1. 美的哲学概念

中国学者对美的哲学的定义：美是自由自在的劳动。

唐震在其著作《接受与选择》中指出：美的本质就是自由自在的劳动。美是表达劳动的自由自在性的事物，理解美的本质的关键在于理解创造美的劳动的二重性，即具体劳动与抽象劳动。

1）所有创造美的劳动都是具体的劳动

表面上看，个体的劳动过程是满足吃、穿、住、用的具体活动过程。而这些劳动形式也都是多种多样的。

2）所有创造美的劳动的共性是自由自在性

虽然每一种创造美的劳动都是具体劳动，如种植活动、建筑活动、舞蹈活动、歌唱活动、绘画活动等，但是每一种具体形式的创造美的活动都是体现劳动的自由自在性的活动，凡是体现了人类劳动的自由自在性的劳动成果都可以被认为是美的东西。

3）美是自由自在的劳动

美的事物正是由劳动的自由自在性构成的，美表现在任何事物之上时，这种事物都是劳动结果的表现者或者劳动的自由自在性的表现者。例如，生产劳动中的美，生产者按照自己的设想成功地制造出一件精确的产品，或者完成了一个成功的动作，这些都是劳动的自由自在性的证明。又如艺术劳动，美直接就是劳动的主题，这种劳动的形式本身就是美，即美是自由自在的形式。

2. 美的本质

在美学史上，关于美的本质的理论众说纷纭，但从哲学的出发点看，基本上不外乎两种：一种是从客观物质的属性中去寻找美的根源；另一种是从精神中去寻找美的根源。马克思主义主张从人对客观物质世界的实践改造中去寻找美的根源。

1）社会美

社会美经常表现为各种积极肯定的生活形象，包括人物、事件、场景、某些劳动过程和劳动产品等的审美形态，是社会实践的直接体现。

2）自然美

自然美指的是自然事物的美，包括日月星辰、江山湖泊、山水花鸟、草木虫鱼、田野园林等。对于自然美产生根源的说法较多，如有人认为自然美是人类心灵作用的结果，也有人认为其是自然本身进化的结果。但从马克思主义美学来看，自然美是人类实践劳动的结果。自然美的形态有三种：第一种是经过人类生产直接加工改造的自然事物的美；第二种是经过人类艺术加工和改造过的自然事物的美；第三种是未经人类直接加工改造的自然事物的美。

3）艺术美

艺术美是生活和自然中的审美特征的能动反映。艺术美作为美的高级形态来源于客观现实，但并不等于现实，它是艺术家创造性劳动的产物。艺术美包括两方面：一是艺术形象对现实的再现；二是艺术家对现实的情感、评价和理想的表现，是客观与主观、再现与表现的有机统一。它的特征具有审美功能，能给人以在现实生活中难以获得的最为纯粹的美的愉悦和享受。

4）心灵美

心灵美也称"精神美""内心美""灵魂美"。人的精神世界的美，也是社会美之一。古希腊哲学家柏拉图说，心灵的优美与身体的优美和谐一致是最美的境界，这是"心灵美"一词的发端。中国古代将心灵美称为"内秀""性善""仁""诚"等。孔子提出"里仁为美"；墨子认为"务善则美"；孟子认为"充实善信"是美德之人，只有善的、诚实的、有学问的人，心灵才是美的。不同时代、不同阶级的人对心灵美的衡量标准不同，包括思想意识的美（如正确的立场、观点、方法，崇高的理想，爱国主义、集体主义思想等）、道德情操的美（如情感、操守、格调的美等）、精神意志的美（如进取精神、创造精神、顽强意志、崇高气节的美）、智慧才能的美（如高度的文化素养、知识才能、聪明睿智等）。心灵美是真、善、美的统一，知、意、情的统一。它是人的行为美、语言美、外表美的内在依据，并通过具体的感性形态而被人们感知。心灵美集中体现了社会文明对人的思想、感情、意志的要求。

1.2 旅游的本质是审美

旅游的本质是由旅游的目的决定的，从本质上说，旅游就是一种审美活动。离开了审美，还谈什么旅游？旅游观光具有多种功能，如经济功能、物质功能、社会功能、环境功能、文化功能、审美功能，但旅游观光最基本的功能是审美的功能。审美功能是旅游产生、发展的根本动机。

1.2.1 旅游的审美活动

从美学角度讲，人有两种冲动：一种是物质冲动，是其他功能发生的基础。物质冲动，即人对物的追求，要求吃饱穿暖。另一种是理性冲动，理性冲动即人对精神的追求，要求以人格尊重和自我实现为基础。物质冲动和理性冲动都有各自的领域，彼此不可侵犯。在实际生活中，人的物质冲动和理性冲动是相互作用、相互制约的统一体。我们认识了审美的本质，就可以进一步认识旅游活动中的审美。旅游的本质是游戏，旅游作为游戏的一种形式，它起到调和人的两种冲动的作用。因此，旅游审美的本质是游戏审美。旅游审美作用的实现主要是在旅游游戏中,通过时间与空间的变化和人丰富的联想,使人离开了自己具体的生活,能自由驾驭人的两种基本冲动。如当旅游者置身于北京故宫时,感觉自己是至高无上的皇帝,瞬间实现了他的物质冲动。同时,他又可以不为干扰地认为自己是一个旷世奇有的明君,凭着已有的知识和见解,展开丰富的联想,想象他的治国纲领和幸福国度,瞬间实现他的理性冲动。人通过这种审美从而获得美的愉悦,实现旅游审美的价值。当然旅游者置身于故宫还会产生其他审美联想和旅游审美价值。

在实际生活中,人总是处于两种冲动和状态之中,并不断地在寻找这两种冲动和状态的平衡。旅游资源本身所具有的质决定了人能够产生审美联想,并通过这种审美联想调节这两种冲动达到平衡状态,使人进入审美状态,实现审美功能。

由于人实际所处的状态不同和旅游资源的相异性,旅游审美也会产生两种作用,一种是使人趋于松弛的作用,另一种是使人趋于紧张的作用。当处于紧张状态时,人一般会选择趋于松弛状态的旅游地,如到海滨度假地晒太阳、泡海水,或到深山老林幽静的环境里避暑。这种形式的旅游活动可以使人放松,使人与自然达到和谐。当处于松弛状态的时候,人可能会选择一些富有刺激和挑战性的旅游项目,如登山、探险、漂流等,这种需要毅力、意志的旅游活动能够引发人战胜大自然的豪情壮志,同时使人打破松弛状态,振奋精神。这样通过不同形式的旅游活动,调整人紧张或松弛的状态,帮助人成为一个完整的整体。

1.2.2 旅游审美的境界

不是任何人进行旅游活动,都能很好地进入审美状态。根据人进入审美的深度不同,我们可以把旅游审美分为三种境界,即情趣、意境和艺韵。人也由于能进入的审美境界不同,而获得不同程度的旅游价值,包括冶情和增智。

1. 情趣

当人进入一个旅游景点的时候,旅游景观所具有的松弛或振奋效果作用于旅游者,使处于紧张状态的人开始松弛,或处于松弛状态的人开始振奋,这种作用的产生,使旅游者产生莫名的愉悦和快感,从而使旅游富有情趣。情趣境界是旅游审美的低层次境界,大多数旅游者由于其本身的文化素质和阅历所限,一般只能处于这种境界。

2. 意境

旅游活动是一种审美活动,在审美活动中,人的精神状态在受感官感觉规定以前,处于一种被动的可规定性的状态，是空的无限。精神接受了感官的印象之后，空的机能就转化为作用力，精神的无限性也随之消失，因为其被局限在一个特定的对象之上，通过感官感觉，人们获得了实在性，而实在性又通过有限和无限的对立而显现出来，这两种对立起来的活动叫作思维。因而我们说美是一种手段，它把人从感觉引向思维，从物质引向精神。但这并不是说它帮助了思维，而是说它为思维创造力提供了按其自身规律活动的自由，这种思维的自由，取消了定式，从而引起人的感悟，这就是旅游审美的意境功能。人为了保持已有的现实性，必须保持状态的规定性。同时，为了造成一种不受限制的可规定性状态，又必须消除已有的规定性的状态，要想既保持又消除状态的规定性，只有一种办法，即给原有的理性规定和感性规定树立一个对立面，使之相互抵消，达到彼此之间的平衡。人要使理性规定和感性规定达到彼此平衡，引起启迪，即从感性过渡到思维需要经过一个中间的过程，这个中间过程叫作心境，这种心境叫作自由心境。因为处于这种心境，人的感性和理性同时活动，从而彼此抵消，心绪既不受物质的控制也不受精神的控制。这种物质和精神的可规定性称为审美。因此，在旅游审美状态中，为了达到自由心境，使人从中获益，必须树立一个对立面，使感性和理性相互抵消。这就是旅游地环境和景观与居住地环境表现出的差异性越大，对旅游者就越有吸引力，旅游者受益就越大的原因。

3. 艺韵

在审美过程中，我们均衡地支配着承受力和能动力，我们的心绪处在自由之中，可以轻易地转向任何一方。真正的艺术作品，就是在这样的一种状态中，把我们从禁锢中解脱出来，尽管这样纯粹的审美效果在实际上是不会有的，但伟大的艺术家总是努力把他的作品接近于这种审美理想。他善于克服自己采用的那种艺术种类（音乐、美术、文学中的任何一种）特有的局限性，并善于保持特有的长处；他充分运用这种艺术特征，使其更具有普遍性，从而达到完美的风格。另外，他克服了加工的材料所具有的局限性，通过形式消除了材料，让内容（材料）不起作用。不过，这样的作品也不一定会产生应有的效果，如果欣赏者不是从审美方面接受艺术作品，而是追求感官享受，或者只追求道德教育的目的，那么，艺韵的功能就不会在旅游者身上起作用。因此，必须有那种自由心绪，同时能克服艺术种类的局限性，而了解其长处，能克服材料的局限而让形式起作用的人，才能进入艺韵境界。

单元1　美学理论与旅游

思考与练习

一、填空题

1. 美具有＿＿＿＿＿＿，并不意味着一切形象都是美的。
2. 一般来说，人们审美的感受是直接由＿＿＿＿＿＿引起的，人们常常会一接触到那些美的形式就引起美感，而忽略了这些形式所表现的内容，仿佛美就是形式本身。
3. 形式美的规律主要有＿＿＿＿＿＿、＿＿＿＿＿＿、＿＿＿＿＿＿、＿＿＿＿＿＿。
4. 按照审美对象的存在领域划分，美的形式包括＿＿＿＿＿＿、＿＿＿＿＿＿、＿＿＿＿＿＿。

二、单项选择题

1. 美的客观性是由它的（　　）决定的。
   A. 物质性　　　　　　　　　　B. 精神性
   C. 物质性和精神性　　　　　　D. 物质性或精神性
2. 美的功利性是美的（　　）的一种反映。
   A. 客观性　　　　　　　　　　B. 社会性
   C. 形象性　　　　　　　　　　D. 感染性
3. 形式美具有一定的（　　）。
   A. 客观性　　　　　　　　　　B. 社会性
   C. 形象性　　　　　　　　　　D. 抽象性

三、多项选择题

1. 美的特征主要表现在（　　）。
   A. 客观性　　　　　　　　　　B. 社会性
   C. 形象性　　　　　　　　　　D. 感染性
2. 形式美是由（　　）构成的。
   A. 感性要素　　　　　　　　　B. 理性要素
   C. 感性要素的组合规律　　　　D. 理性要素的组合规律
3. 美感的基本特征包括（　　）。
   A. 直觉性　　　　　　　　　　B. 愉悦性
   C. 实用性　　　　　　　　　　D. 创造性
4. 形式美感性要素的组合规律主要表现在（　　）。
   A. 整齐一律　　　　　　　　　B. 对称均衡
   C. 对立统一　　　　　　　　　D. 和谐

5. 根据美存在的不同领域，可将其分为（　　）。

A. 人文美　　　　　　　　　　B. 自然美

C. 社会美　　　　　　　　　　D. 艺术美

四、名词解释题

1. 美感。

2. 形式美。

3. 美的形式。

4. 旅游美学。

五、分析题

1. 形式美和美的形式有什么区别？

2. "美"与"艺术"是相近的两个概念，它们之间的差异如何体现出来？请举例说明。

单元 2

旅游审美特性

案例 1

桂林的旅游产品

当前桂林的旅游产品主要有两大类，其一为山水风情旅游观光项目；其二为文物古迹历史专题项目。近年来，桂林在旅游产品开发上投入了一定的财力，在原有的"三山两洞一条江"的基础上，形成了当前的多元化格局。漓江的泛光工程，极大地改变了桂林夜间的游览活动。新开发的冠岩景区打破了传统的岩洞游览模式，集观赏、娱乐、探险于一体，丰富了游览岩洞的内容。民族风情表演在国内各旅游城市首开先河，漓江民俗民情园和"花园之夜""桂山之秀"等场所已成为旅游热点。桂林新建的动物观赏项目也已初具规模，已有的"蛇大王""鲜鱼世界"和新建的"桂林雄森熊虎山庄"，弥补了桂林过去无动物观赏项目的空白。新建成的尧山索道、滑道开辟了桂林市高山旅游新项目。

案例 2

发现王国

大连发现王国有迪士尼的影子，但它不是迪士尼的简单翻版，而是在迪士尼的基础上，融入中国化的创意，以形成自己独立的品牌形象。更加惊险刺激的游乐设施，科技含量更高的游戏，更加狂野真实的演出，用动画片推介卡通形象并强化游乐氛围……这些似曾相识的招数，与中国国情完美结合，成就了大连发现王国的辉煌。

案例 3

中华恐龙园

中华恐龙园打破了传统的主题公园"1年兴、2年平、3年衰、4年败"的发展规律论断，恐龙园的"旅游+科普"模式，实现了对主题公园发展模式的创新，成功解决了由于体量问题而产生的游量不足等问题。同时，四款卡通恐龙形象是恐龙园自主设计开发的，体现了对文化创意的重视。同时，"旅游+文化创意"成为恐龙园区别于其他主题公园的又一大模式。

分析：

1. 上述案例中旅游景区的成功之处在哪里？
2. 在旅游景区的开发过程中，应该如何考虑旅游者的审美需求和动机？

2.1 旅游审美需求与旅游审美动机

无论哪一种旅游，都是在旅游活动中寻求美的享受（如风光欣赏、休闲娱乐等），以愉悦身心、陶冶性情、增添生活的乐趣。著名美学家叶朗先生曾经指出："旅游涉及审美的一切领域和审美的一切形态。"学者王婉飞在《略论游境的创获及其审美心理过程》一文中认为，旅游是一个"立体性的审美过程"。于光远先生同样强调："旅游是现代社会生活中居民的一种短期的特殊的生活方式。这种生活方式的特点是：异地性、业余性和享受性。"他们都强调了旅游活动的休闲性与审美性。对于旅游审美需求，需从审美心理层次和审美文化层次的角度予以探讨。

2.1.1 旅游审美需求文化层次

1. 自然审美文化需求

就当今时代来看，自然界在现代旅游审美活动中的地位非常高，这是因为在工业化、城市化的进程中，越来越多的人渴望获得"久在樊笼里，复得返自然"的乐趣。如今社会的快速发展令人惊叹不已，给人们带来了生活上的舒适和方便，但人们的生活节奏也不断加快。面对日益激烈的竞争，人们的精神压力越来越大，人与人之间的情感变得冷漠——现代人渴望改变生活与情感的环境。旅游，是理想的选择。旅游活动充满了新鲜与惊喜，能使人们摆脱日常工作与生活的单调，满足自己好动、喜新奇的天性。在旅游活动中，人们不受现实功利的束缚，可以暂时抛开工作与生活的烦恼，置身于青山绿水之中，放飞心情，神与物游,释放压力,获得心灵的解放与精神上的自由。在旅游审美中,人们对自然并不怀有功利性的需求,而是抱着一种热爱和欣赏的审美态度,人与自然之间是一种平等、友好的和谐关系。"仁者乐山,智者乐水",因为山水蕴涵着为人类所赞赏的美好品质,所以人们才会那么喜爱大自然。在我国,历来重视人与自然的亲善关系,讲究天人合一,自然是作为道德精神的比拟、象征来欣赏的。很多自然物成为人们美好精神品质的象征,如竹子象征着人的高风亮节,兰花象征着人的素雅和清高,荷花象征着人的纯洁与正直。人们在对自然的审美过程中,触景生情,会情不自禁地产生愉悦的审美情感,从而激发出对自然的热爱与崇拜之情,就会想到保护自然而不是破坏自然,并自觉地按照美的规律来美化自然,促进人与自然的关系和谐发展。

2. 社会审美文化

人类的社会交往、社会活动过程,也是美的创造过程。这些美普遍存在于人类的道德伦理、习俗礼仪、婚姻家庭、宗教信仰、社会劳动和社会产品之中。旅游者每到一处,都会以审美的态度观察、体验这些美,由此形成一种社会审美文化形态,达到人与人的和谐。在旅游中,人们日常生活中的戒备心少了,也易于和陌生人沟通,狭隘的自我变得开放而博大,比较容易相信他人、接纳他人。在旅游活动中,旅游者建立的是友好平等、互相尊重的社会关系,人们超越了现实功利,从日常工作生活中的自我解脱出来,人与人之间的关系相对平等和谐。旅游审美活动可以怡情养性,淡化人们过度的功利心,去除内心的贪婪与愤怒,引导人们以豁达乐观的心胸与他人进行交流与沟通,从而达到和谐审美的目的。

3. 艺术审美文化

古代戏剧艺术

旅游者与作为旅游审美客体的各种艺术作品发生同构关系而产生的文化形态,构成旅游活动中的艺术审美文化。艺术作品具有鲜明的主体性特点,它决定了旅游活动中艺术审美文化的特点:一是这种审美文化具有主导性、强制性,从而使导游人员介入旅游者审美过程具有重要意义(如雕塑的鉴赏);二是艺术品的审美价值主要在于它的内在意蕴,这种内在意蕴是社会文化的历史积淀,欣赏艺术作品必须具备一定的艺术修养;三是艺术审美对旅游者的反馈影响独特而深刻。艺术审美不仅具有娱乐作用,还具有审美认识和审美教育作用,使人受到真、善、美的熏陶,思想上受到启迪,引导人们正确地认识生活,树立正确的人生观和世界观。

2.1.2 旅游审美需求的构成

在特定的旅游环境中，旅游者与旅游审美对象结成多角度、多层次的审美关系，并在交互作用和相互照应中获得满足。在旅游审美活动中，旅游者追求的主要是精神享受，物质享受是次要的。虽然审美内容差不多，如观形、察色、闻香、品味、听声、觉态、悟质、辨类、思因等，但由于主体各自的审美感受在程度上不尽相同，往往显现出多层次性，这主要是因为审美感受一方面受制于审美对象，另一方面受制于审美个性及历史文化等因素。旅游审美活动是一种以主体内在的审美需求为根据和动因的活动，审美需求在审美活动中具体化为主体特有的不同层次的需求。著名美学家李泽厚对审美层次这一问题进行过深入探讨，他把美感分为悦耳悦目、悦心悦意、悦志悦神三个层次，对于我们研究旅游审美需求很有启发。

1. 悦耳悦目

悦耳悦目是指以悦耳、悦目为主的全部审美感官为体验的愉快感受。这种美感形态，通常以直觉为特征，以生理快意为基础。这是广大旅游者普遍的审美需求形态（如游览桂林山水、黄山、九寨沟、都江堰等）。旅游产品的开发，形态和色彩要美丽，色彩要协调，声音要柔美悦耳，对旅游者具有感官吸引力，注意杜绝视觉污染和噪声污染。此外，旅游审美需求在于丰富和新奇，旅游项目和旅游活动的安排应当丰富多彩，满足旅游者悦目悦耳的审美需求，避免雷同单调或简单重复。

2. 悦心悦意

如果说悦耳悦目以感性或直觉为主要特征，那么悦心悦意则以知性或理解为主要特征，是比悦耳悦目更高层次的审美需求。悦心悦意指透过眼前或耳边具有审美价值的感性形象，领悟到审美对象某些较为深刻的意蕴，获得审美感受和情感升华。这种美感效果是一种意会，在许多情况下很难用语言来充分而准确地表述，正是"只可意会，不可言传"，例如，登临云雾缥缈的黄山时，产生的飘然若仙之感和超然出世之情。又如，观赏齐白石的画，人们感到的不只是草木、鱼虾，而是一种悠然自得、活鲜洒脱的情思意趣。

3. 悦志悦神

悦志悦神是指主体在观赏审美对象时，经由感知、想象、情感，尤其是理解等心理功能的交互作用，从而唤起的那种精神意志上的奋昂或愉悦状态和伦理道德上的超越。它是审美需求的最高层次。这种美感形态之所以高级而深刻，是因为它体现了主体大彻大悟、从小我进入大我的超越感，体现了审美主体与审美对象的高度和谐统一。如登临三山五岳、游长江黄河，将会唤起我们的怀古之情和热爱大自然之情，给我们以民族自豪感、崇高的使命感和对大自然的敬畏感。这种美感，不是在感性基础上的感官快适，也不是在理性基础上的心思意向的享受，而是一种在崇高感的基础上寻求超越与无限的审美境界。这种审美特质无疑是符合当今时代与社会需要的，是有助于精神文明建设和有利于完善人性的。从旅游审美需求上讲，悦耳悦目、悦心悦意、悦志悦神之间是一个层次递进或层次提升关系。

2.1.3 旅游审美动机

旅游审美动机的概念来源于心理学中动机的概念。旅游动机是推动人们进行旅游活动的内在动力，是人们对旅游的主观设计，具有激活、指向、维持和调整的功能，能启动旅游活动并使之朝着目标前进。目前所能见到的旅游动机概念较为相似，旅游动机是促使一个人有意去旅游及确定到何处去、做何种旅游的内在驱动力，是为了实现某些被满足的需要而进行的。旅游审美动机是促使人们离开居住地外出旅游的内在驱动力，人们的社会性需要及好奇心是产生旅游行为的内在动力，也可以说是客观条件，但如果不具备一定的客观条件，人们的旅游行为最终也不会发生。一般而言，促使旅游动机产生的主、客观条件表现为以下几个方面。

1. 旅游动机产生的时间条件

旅游是人们消磨闲暇时间的一种方式，充裕的闲暇时间为旅游提供了时间保证。为此，若没有闲暇时间，就无所谓旅游动机的产生，时间条件是旅游动机产生的基本条件。

2. 旅游动机产生的经济条件

旅游是一种消费行为（且是奢侈品和精神消费品的消费），满足其要有可任意支配的收入。拥有一定的收入是旅游消费的经济基础，收入水平的高低不仅决定着旅游动机能否产生，同时还影响着旅游者的消费水平、消费结构及消费方式。一个国家或地区经济发达的程度与外出旅游的人数通常成正比。研究表明，当一国的人均GDP（Gross Domestic Product，国内生产总值）达到800~1000美元时，其居民普遍会产生国际的旅游动机；当人均GDP达到4000~10000美元时，居民通常会产生国际的旅游动机。我国居民的实际收入水平逐年提高，居民消费结构开始向发展型和享受型转变。2019年，全国国内游客60.1亿人次，同比增长8.4%；国内旅游收入57251亿元，同比增长1.7%；中国公民出境旅游人数达1.55亿人次，同比增长3.3%。全年实现旅游总收入6.63万亿元，同比增长11%，旅游业对GDP的贡献率约为11.05%。

3. 旅游动机产生的社会条件

社会条件是指一个国家或地区的经济发展水平、文化因素及社会时尚等，作为一种现代生活方式，旅游不可能脱离社会而单独存在，人们的生活环境对旅游动机有着一定的影响。经济发展的水平直接诱发旅游动机的产生，只有当整个国家或地区的经济相当发达时，才有足够的实力来建设旅游设施，开发旅游资源，从而提高旅游的综合吸引力，诱发人们旅游的兴趣和愿望。同时，也只有经济高度发展、物质文化生活水平比较丰富、经济支付能力较强时，才会激发旅游审美动机。

2.2 旅游美学审美对象的一般形态

旅游美是旅游者在旅游活动中创生出来的一种美及美感，它有自己特有的审美对象。艺术美的审美对象是艺术作品，自然美的审美对象是原真自然。旅游美的审美对象是什么呢？从理论上来说，与旅游审美态度形成意向性结构的事物构成旅游审美对象。所以，我们把旅游美创生中的质料界定为旅游审美对象。从实践上来看，旅游美创生中的质料表现为旅游景观。所以，我们把作为旅游审美对象的旅游景观界定为旅游美创生中的可感物像的总称，它是旅游美及美感发生的质料基础。

"从空间的角度来看，审美对象很像是一个受优待的形象，因为它总会从背景当中凸显出来"，使自身得以体现。这种体现就是旅游审美意识意向性结构的形成。

1. 拟态环境景观

旅游标示物是旅游地旅游审美文化地标性"感性实体"，它不是一般的吸引物，而是已经客观化和符号化的吸引物，是一种公共象征物。它的产生可能是一个历史事件、一个历史人物的活动、一个文学艺术作品的描述等。因此，旅游标示物往往具有历史性、构造性与艺术性等特点，它的原型可能是简单的、世俗的、寻常的，但是由于人们在原型上附加了另外的"意义"，这个寻常之物变得不寻常，成了具有深化的特点——它的附加意义是虚构的，但不是虚假的，会指向人类心灵中某些价值诉求。黏合、夸张、人格化是常见手段。黏合就是把两种或以上本无关系的客观事物的属性和特征结合在一起，构成新形象。夸张是故意增大或缩小客观事物的正常特征。人格化就是对客观事物赋予人的形象和特征，从而产生的新形象。它的传递者通常是一个庞杂的机构，内部有精细的分工。如以报纸传递信息的报社，即由采访、编辑、评论、广告、经理等许多部门组成。同时，具有很强的选择性。经大众传播呈现出来的"旅游拟态环境"就表现为"旅游形象"和"旅游标示物"。

2. 风景景观

风景景观主要由五个元素构成：山、水、林、气、筑。首先是这五个元素既有自己独立的含义和状态，也有自己的变形，我们把这种独立的形态和变形称为"单体景观"，即"景物"；进而，不同的景物又能组合成一个相对稳定而易识别的整体，我们把这种"组合景观"称为"景点"。用"游线"将它们组合起来，存为一个整体，我们就称其为"景区"了。

1）以自然景观为主的景区

景区的自然景观是大自然赋予的，包括山水风景、气候天象、动物、植物等，是在一定地域环境形成的自然景观、地文旅游景观、水域风光旅游景观、生物类旅游景观、气候天象旅游景观。

2）以人文景观为主的旅游景区

人文景观类旅游景区包含的人文景观主要分为文物古迹、民俗风情、宗教文化、文学艺术等类别。人造景观可划分为两类：一是作为现有景区的自然景观和人文景观的点缀、补充的"点景"；二是在旅游区作为相对独立出现的人造景观，即当代人根据市场需求创造出来的具有特定审美信息、定向形式和时间立体性并自成体系的旅游观赏和游乐实体，往往突出一个主题，因而称之为"主题公园"。

3. 环境景观

1）城市环境景观

美国城市设计家林奇说："一个可读的城市，它的街区、标志或是道路，应该容易认明，进而组成一个完整的形态。"林奇将对城市意象中物质形态研究的内容归纳为道路、边界、区域、节点和标志物五种元素，这五种要素在城市意象中有很大的影响。

2）乡村景观

乡村景观指乡村聚落的形态、分布特点及建筑布局构成的乡村聚落景观意象，这种景观意象具有整体性、独特性和传统性等特点，反映了村民的居住方式，往往成为区别于其他乡村的显著性标志。村寨的基本构成元素是山水、建筑、田园、花木等，这四种基本元素构成了村寨的理想景观。

4. 场所景观

文化空间是一个文化的自然空间，是有一个文化场所的"场"，在这个自然场、文化场中，有人类的行为、时间观念，或者人类本身的"在场"。有时只是普通的场所，有时是神圣的场所，从其文化属性看，具有综合性、多样性、岁时性、周期性、季节性、神圣性、族群性、娱乐性等。

从现代五花八门的旅游节目来看，场所景观越来越多了。一场大型演出、一次大型活动、一次节日庆典、一次竞技活动……这种活动往往有明确的主题，有特别的场所，有轰动的人气。所以，我们用"专项"一词来对它进行概述。专项活动产生迷狂的途径往往是使用一种"磁场"效应——制造一种把人融入其中的强烈氛围，这种强烈氛围就像大型的"磁场"，每个旅游者仿佛是一个粒子，进入其中便被磁化。如果我们借用"审美场"的理论，那么旅游美便是审美场产生的强大冲击力的后果。有的是某一活动本身的冲击力，如蹦极、攀岩、冲浪、漂流等专项活动，可作为旅游活动中的节目构成，也可以单独成立，如某大型体育运动会的开幕式、民俗节日的竞技活动等。

5. 旅游纪念品景观

旅游纪念品，即旅游者在旅游过程中购买的精巧便携、富有地域特色和民族特色的工艺品，有极高的收藏价值与分享价值。旅游纪念品的审美经验表现为小品诗性。"小品诗性"借用了我国的一种艺术形式"小品"。小品一般从美学上看，可以归纳为审美中的"喜"一类，即"怪""丑""滑稽"的类型。与一般购物品相比，旅游购物品往往对原物进行了一些变形，使其成为与原物相比的"怪""丑""滑稽"的类型。旅游美体现为一种情趣，一种情趣的意象化；旅游购物体现为一种生活情趣，其意象化为一种小品诗性。

2.3 旅游美学研究的范围和理论基础

2.3.1 旅游美学研究的主要对象

旅游美学研究以旅游活动中的审美关系为主要对象。旅游活动中的审美关系表现在以下两个方面。

单元2 旅游审美特性

第一，人与景观的审美关系。这是旅游审美活动中的主导性关系。传统意义上的旅游，其直接目的是观光。观光活动所沟通的是两个方面：旅游者和旅游目的地。就后者而言，指的是广袤的景观世界。景观，在中国古老的美学词典中，有个更为贴近华夏文明的词汇，那就是山水。我们这个"诗国"中的相当一部分"触景生情"的诗篇被称作山水诗。以山水来拟代内涵更为广泛的"景观"有着深刻的历史文化根源。简而言之，它体现了"阴阳相契而成宇宙"的传统哲学观念。山为阳，水为阴。作为阳刚美典型的"山"和作为阴柔美范例的"水"构成我们生活的这个世界的基础，构成人类生活的"根"。正因为如此，可以认为：中国山水诗所沉淀和凝练着的，是中国人根深蒂固的自然生态美学观。它是正在伴随当代人走向未来的具有强大生命力的传统智慧。也正因为如此，我们的旅游美学研究的主要对象之一，便是以自然山水为主体和基础的景观世界。通常，人们总是用"情景交融"来赞美诗意盎然的抒情性文学作品。其实，旅游审美如同用一段生命时光来写诗，同样是主观的"情"和客观的"景"的融合汇聚、交互影响。人在景观中，一般不会无动于衷，在自然山水等景观之美的感染之下，会情不自禁地陶醉和共鸣，或欣喜或狂欢，或感伤或兴奋，这种缘景而发的主体审美心理波动，是旅游美学需要着力透视观照的重要对象。

第二，人与人，特别是旅游者与旅游从业人员的审美关系。旅游系统"输出"的最为关键的产品是服务。当代旅游服务所扮演的，不仅仅是满足人们日常物质生活需求的角色，如给因旅途劳顿而疲惫不堪、饥肠辘辘的旅游者弄顿饭吃。旅游服务的高级功能，是为旅游者提供与人性升华相联系的精神享受，因此，单纯满足人的物质需要的饮食，就变成了讲究色、香、味、形的"美食"。提供餐饮服务的工作人员（尤其在星级宾馆里）必须笑容可掬如春风拂面，包括身材、容貌、服饰在内的形象，必须让人看了觉得自然协调，与温馨氛围相吻合。这时，旅游从业人员在旅游者的心目中，就成了审美对象，其训练有素符合形式美要求的言行举止、服务态度和服务技能，就构成一幅美妙的人生图画，给人们带来无尽的精神享受。旅游美学理所应当担负起这样一种责任，帮助建立符合美的规律的旅游服务操作范型。例如，酒店服务人员的礼仪风范的培养和训练，旅游美学可以提出一系列的指导性意见：设计出一整套让旅游者赏心悦目的行为程式。这种战术性的构想，都将导向于一个核心旅游者和旅游从业人员审美关系的建立。旅游美学要探索，旅游服务形象如何才能实现本源意义上的"尽善尽美"，旅游从业人员怎样才能在建立上述审美关系时起到主导作用，通过"宾至如归"的服务态度和"游刃有余"的服务技巧，诱发旅游者萌发悦耳悦目、舒心惬意的美感体验。

2.3.2 旅游美学研究的根本范围

旅游美学研究的根本范围是旅游和旅游业。旅游与旅游者的切身利益、切身感受有关；旅游业与旅游企业的切身利益和发展目标有关，当社会的经济文化发展到一定的水平，当必要的社会劳动时间以外人们有了足够的闲暇时间，当大家由于具备了种种外界条件而萌发了强烈的出游动机，旅游就自然地来到普通老百姓的日常生活空间。那么，旅游究竟意味着什么？旅游是如何发生发展起来的？旅游将给人类的生活带来怎样的变化？诸如此类的问题是研究旅游美学时首先要解决的。现代旅游最初盛行于西方世界，西方学者对它做过不少研究，并曾给旅游下过不少定义。其中，瑞士教授汉泽克尔·拉普的定义有一定的启发性：旅游是"非定居者的旅行和暂时居留而引起的现象和关系的总和，这些人不会导致永久居留并且不从事赚钱的活动"。

拉普关于旅游的定义最值得注意的是，旅游涉及的是"一种现象关系及其总和"，它说明旅游所具有的高度的综合性质。旅游与整个社会的各个方面，如交通运输业、餐饮服务业、银行金融业、市政建设和社区建设等，有着千丝万缕的联系，但这个定义似乎并没有说清楚旅游活动的本质属性，即旅游活动的目的和性质。旅游的性质和目的可以从四个方面来认识：第一，旅游是社会发展中的一种必然现象；第二，旅游是现代人们物质文化生活的一个有机组成部分；第三，旅游有益于修身养性、陶冶情操；第四，旅游是以经济活动表现出来的具有高度文化内涵的综合性的社会活动。从更为全面准确的意义上说，旅游是以寻求新的感受为目的，暂时离开长住地的物质享受和精神享受相结合的动态生活流程，它是在一定社会条件下的综合性的社会经济文化活动。

其次，有必要考察一下旅游学和旅游业。旅游学的直接对象是旅游活动。旅游活动与人类文明从总体上呈现一种同步发展的正比例关系。在人类文明的初始阶段，已经出现了萌芽状态的旅游。随着人类文明程度的提高，旅游也就越来越普及，旅游范围也就越来越广泛。

"实践出真知"，旅游实践的发达促使旅游学的诞生。尽管还不能说，旅游学已经成为一门成熟的学科，但诚如一些学者所说，"作为正在形成的边缘学科，它涉及美学、心理学、经济学、管理学、社会学等领域"。可见，研究者们现在已经认识到旅游学与美学的交叉关系，在列举诸多与旅游学相关的学科时，把美学放在首位，这是非常值得注意的一个动态。从理论的层面来分析旅游学所面对的直接现实环境作为"过程"的旅游业，显然是十分重要的。国外有学者对旅游业所下的定义是："在吸引和接待旅游者与来访者的过程中，旅游者、旅游设施、东道国政府和接待的相互影响，所产生的现象与关系的总和。"由此可见，旅游作为一种行业，是一个"吸引和接待旅游者和来访者的过程"。我们应当深入探索和思考"过程"这一旅游美学时刻关注的词汇。旅游活动通过提供旅游审美对象和旅游服务产品介入上述"过程"。景观世界是旅游活动中旅游者所追慕的对象。当然，只有旅游才能使景观的美变成现实。但景观是旅游活动作为一个过程真正得以发生的根本基础。同时，也正是景观审美的出现，才将旅游和通常的旅行区别开来。旅游者的"旅"是为了"游"，为了在美丽的景观世界之中得到曼妙的享受。旅行则可完全不必理会目的地是否值得观赏和品味。因此，我们的旅游业，必须建立在有着足够审美吸引力的旅游景观基础之上。此外便是接待。接待涉及硬件和软件两个方面。就硬件而言，与旅游宾馆、饭店和商店等旅游设施有着特别密切的关系；就软件而言，与旅游从业人员的服务联系更紧密。前者涉及人和物的关系；后者涉及人与人的关系。从美学角度上看，无论是人与物，还是人与人，都应当表现为审美关系。作为审美关系的双方，必须处于一种和谐统一而非对立冲突的状态。在综合的意义上，旅游业是受旅游地诱导的旅游者与旅游设施、旅游服务的相互作用的过程中发生发展起来的。旅游学的任务之一，就是研究这一过程的发生机制，而旅游美学则着重阐释上述发生机制的审美关系及真正价值的审美效应。

2.3.3 旅游美学研究的理论基础

美学的基本原理是旅游美学研究的理论基础。在美学史上占据最为显赫地位的，常常是哲学家，如柏拉图、康德、黑格尔、杜威等，我国著名的李泽厚、朱光潜、高尔泰、蔡仪、宗白华等。美学史上最为重要的理论，常常是从哲学角度提出的美的理论或对美的阐发。

这种对美和人的哲学思辨，构成了随时代发展变化的人类学本体论。这种以人为中心的哲学美学将有助于我们思考这样一些问题：旅游的美学本质是什么？人们为什么要去旅游？在"游山玩水"的背后，在"潇洒走一回"的轻松愉快的出游动机背后，究竟隐含着怎样的人类形而上的深层精神追求？走入寻常百姓家的旅游作为一种新的个体生命存在方式，将对人类生活艺术化进程产生怎样深远的影响？审美心理学强调，美感萌生的原因是作为共同人性的审美心理结构，而审美心理结构是人类所创造的内在的精神文明极为重要的组成部分。以探究人类审美心理奥秘为己任的审美心理学将有助于我们思考这样一些问题：旅游者的出游动机是怎样受到审美心理结构的影响进而促成旅游抉择的？旅游者面对美的景观世界所产生的美感心理过程有什么特点？旅游者的审美形式感的产生具有怎样的内在心理原因？它对于旅游环境之美的创造，将会提供怎样有益的启示？

同审美心理学一样，艺术社会学是构成今天美学大厦的重要部分。钻研艺术社会学，将有助于我们解开许多疑惑：为什么陶渊明时代能面对山水吟咏出诸如"采菊东篱下，悠然见南山"的佳句，现代人则不能？为什么同样是反映游历羁旅的诗篇，李白呈现"飘逸"的气韵，杜甫则流露"深沉"的襟怀？艺术型文化产品将对当代人类的旅游（特别是回归自然游），以及当代人类的旅游审美心理动因，产生怎样的建构性意义？

显然，作为一门生命力极为旺盛的学科，美学所表现出来的学科交叉渗透特性，以及独特透镜功能，使旅游美学得以摆脱拘泥于现实而难以洞悉文化底蕴的狭隘视阈，成为对旅游和旅游业进行审美的有力工具。

2.3.4 旅游美学的理论框架

根据对于旅游美学基本内涵的分析，其理论框架应当从以下几个方面来建构。

第一，旅游审美对象论。对包括自然景观、社会景观和人文艺术景观在内的景观世界，进行鸟瞰式的浏览和细致入微的感悟，从而把握景观审美的一般规律。

第二，旅游审美本体论。主要从人生哲学的层面对景观及旅游活动之所以成其为美的本质属性进行形而上的理论阐释，目的是从终极人类学关怀的角度透彻诠释旅游活动发生发展的精神本源。

第三，旅游审美认识论。对旅游景观所诱发的人们内在的美感心理进行由表及里的分析和研究，从而了解人们之所以钟情于特定审美对象甚至流连忘返的内在动因。

第四，旅游审美文化论。从艺术人类学和文化人类学的视野对旅游活动进行审视和扫描，重点是剖析旅游活动过程的历史背景和社会根源。

第五，旅游审美实践论。按照美的规律的指引和导向，对旅游活动过程中的六大要素——吃、住、行、游、购、娱，以及旅游系统五大层面——旅游者、旅游管理、旅游资源、旅游设施、旅游信息进行审美解析，以便提供具有操作意义的有效指导。

思考与练习

一、填空题

1. _____就是以旅游审美活动为其特定的研究对象的一门学科。
2. _____是诱发旅游审美需求的根本动因。
3. _____对旅游行为产生刺激作用，能够促发潜在旅游者的旅游动机，确定旅游行为的方向，是引发旅游审美动机的诱因。
4. 旅游者审美个性的形成取决于_____和_____。
5. 旅游者在旅游活动中是否能够感受并享受景观表现与蕴含的外在和内在的美，在相当大的程度上取决于是否具有了对景观鉴赏的能力，亦即_____。

单元2　旅游审美特性

二、多项选择题

1. 旅游审美动因主要包括（　　　）

   A. 旅游需求　　　　B. 旅游目标　　　　C. 旅游动机　　　　D. 旅游条件

2. 旅游审美的主观条件包括（　　　）。

   A. 审美心境　　　　B. 审美潜能　　　　C. 审美意识　　　　D. 审美个性

三、名词解释题

1. 旅游审美需求。
2. 旅游审美目标。
3. 旅游审美动机。
4. 审美潜能。
5. 审美意识。
6. 审美个性。

四、分析题

1. 旅游审美动机是怎样形成的？需要哪些条件？
2. 旅游审美意识和审美个性的形成取决于哪些因素？

单元 3

旅游审美心理

案例

龙门石窟卢舍那大佛作于唐高宗咸亨三年（公元 672 年），位于洛阳龙门西山南部山腰大卢舍那像龛，通高 17.14 米，头高 4 米，耳长 1.9 米。卢舍那大佛是龙门石窟中艺术水平最高、整体设计最严密、规模最大的一座造像，以神秘微笑著称，被国外旅游者誉为"东方蒙娜丽莎""世界最美雕像"。

分析：
如果你是旅游者，你会从哪些方面进行欣赏？

3.1 旅游审美心理要素

研究旅游审美心理首先要从了解审美心理要素入手。

3.1.1 审美感知

在旅游审美活动的产生、发展过程中，审美感知在各要素中处于前沿位置。心理学中通常将审美感觉和审美知觉合在一起，统称为审美感知，它是审美感受的基本心理形式。

1. 审美感觉

在心理学中，感觉指人脑对直接作用于感觉器官的事物的个别属性的反映。客观事物具有许多个别属性，这些个别属性通过感官与对象直接接触后在人脑中获得感官印象就是感觉。审美感觉是客观审美对象作用于审美主体感官并获得感官印象的感觉。感觉是最简单的心理过程，是各种复杂的心理过程的基础。依据刺激的来源不同，我们可以把感觉分为外部感觉和内部感觉。对于旅游者而言，各种审美感觉的活动有赖于引发审美主体视觉、听觉、嗅觉的各种刺激物的存在及它们的适度刺激。在旅游活动中，导游人员讲解声音太小、太快，旅游者听不清；景观太小或距离太远，旅游者则看不清或看不见。这些对旅游者审美感知的获得都造成很大的障碍。因此，在旅游活动中，导游要注意掌握音量的大小、语速的快慢、距离的远近、时间的长短等影响审美感知的各要素的最低限度。

2. 审美知觉

知觉是人脑对直接作用于感觉器官事物的个别特性组成的完整形象的整体把握，是对感觉信息的组织和解释过程，是透过事物的形式达到对它们的情感表现的把握。审美知觉是知觉的一种，它以审美感觉为基础，而审美主体自身的生活经验、文化背景、个人修养等直接影响审美知觉的内容。根据不同的标准，可以对知觉进行不同的分类。根据知觉是否正确，可将知觉分为正确的知觉和错误的知觉。根据知觉活动中占主导地位的感受器的不同，可将知觉分为视知觉、听知觉、嗅知觉、味知觉等。根据知觉对象的不同，可将知觉分为物体知觉和社会知觉。

3.1.2 审美想象

想象是人脑对已储存的表象进行加工改造，创造出新形象的过程，这是一种高级复杂的认识活动，例如，人们在听广播、看小说时，在头脑中所呈现的各种各样的情景、人物形象；发明家设计新机器时，在头脑中创造出的新产品的形象；作家根据生活体验，创造出作品中的人物形象。这些根据别人的口头或文字描述，或者根据自己已有的知识经验，在头脑中所形成的新形象都是想象活动的结果。

形象性和新颖性是想象活动的基本特点。想象中出现的形象是新的，它不是表象的简单再现，而是在已有表象的基础上加工改造的结果。例如，当我们读着马致远的《天净沙·秋思》时，头脑中出现一幅苍凉的画面。想象不仅可以创造出人们未曾知觉过的事物的形象，还可以创造出现实中根本不可能存在的形象。想象可以区分为无意想象和有意想象两类。在审美活动中，审美主体在直接感受对象时，并不以机械消极的感受为满足，而总是积极地调动以往的记忆中储存的表象积累，按照主体的审美理想不断地丰富、完善和创造审美对象或新的审美形象，这一心理过程就是审美想象。审美想象是一种自由把握和创造形式的审美能力，是高级审美活动，是审美欣赏和审美创造的关键因素。它包括知觉想象、再现性想象和创造性想象。旅游活动本身就是一个由外而内的审美活动，因此无论面对自然景观还是人文景观，都离不开丰富的审美想象。如果说审美感知的作用是进入审美世界的大门，那么，审美想象就是为进入这个世界插上了翅膀。

3.1.3 审美情感

情感是人们对客观现实的一种特殊的心理反应，是处于特定心理状态下的主体对主、客关系的理解与体验。审美情感是指审美主体对客观审美对象的一种主观感受和体验。它贯穿于审美活动的始终，审美情感以日常情感为基础，但比日常情感更高级，具有更深刻的社会内容和意义。日常情感是主体对客观对象的直接的心理反应，带有鲜明的满足个人爱憎和需要的特点；审美情感则不单纯为了满足个人需要，是社会的审美需要的满足，是带有理性色彩的社会性评价。审美情感还具有体验性，在回味中将人们引入更高的审美境界，使人超越感官快乐达到忘我。在旅游活动中，审美情感是不可缺少的心理活动要素，一方面作为欣赏对象的各种景观要有足够的吸引力激起旅游者的情感共鸣，另一方面旅游者在感知景观过程中要注入情感、活跃思维，积极地参与审美欣赏过程，才能从中获得最大的审美享受。中国古典美学家刘勰在《文心雕龙》中所谓的"登山则情满于山，观海则意溢于海"，实则是对审美情感在旅游活动中重要作用的深刻而生动的揭示。

3.1.4 审美理解

审美理解是作为主体的人在审美过程中对审美对象的相互关系、内容和形式上的审美特性及其规律的认识、领悟或把握。它是美感深化的表现和必要环节，与感知、情感、想象等心理因素交织在一起，协调活动。审美理解具有"非概念性"和"意无穷性"的特点。审美理解的功能是多重的，它可以升华感知、规范想象、调节情感，对这些审美心理要素起着统一、规范、限定的作用。

审美心理的几个要素在审美活动中如同链条，相互协调、相互作用。审美感知是整个审美活动的基础和依托；审美想象则是美感获得的载体和纽带；审美情感是美感获得的动力和效应；审美理解则是前三者的调和与统一。

3.2 审美心理过程

旅游景观审美的心理过程包括四个方面，即旅游审美潜能、旅游审美心境、旅游审美意识、旅游审美心理场。

3.2.1 旅游审美潜能的介入

审美主体在进行审美活动之前，其心理并非完全空白，而是已经具有了接受、理解审美信息的相应结构。这种结构从审美心理学的角度来看，就是人的潜在的审美素质，又称为审美潜能。审美潜能每个人都具备，是人们生活经历和审美阅历的心理积淀。旅游审美潜能是旅游者观照、评价景观对象时具有的潜在的审美素养，是旅游审美活动得以进行的先决条件。旅游者的旅游审美潜能是在无意识和有意识下形成的，也是先天具备和后天积累的结果。旅游审美潜能包括主体能感知审美信息，具有审美需求、审美素养，有一定的文化基础和审美经验等。当旅游者面对具有自然美或形式美或艺术美或社会美的景观对象时，审美客体的这些美的形态、美的信息，会激发旅游者的审美潜能，于是审美潜能介入旅游过程，审美过程发生。在这个过程中，审美感知、审美想象、审美情感和审美理解相互协调、作用，促成美感的产生，旅游者从中获得最好的审美享受。

3.2.2 旅游审美心境的形成

心境是人的一种较为持久和稳定的心理状态，它使人的情感体验较长久地保持某种倾向，为人的情感趋向提供了较为稳定的心理环境。旅游审美心境是旅游审美心理活动发生、顺利进行的重要环节之一。仅有良好的审美潜能，缺乏稳定的审美心境，审美活动的心理过程难以展开，审美享受也无从谈起。当旅游者处于稳定的审美心理状态时，各种心理要素的活动便会围绕着景观审美而运转，实现由一般心理向旅游审美心理的转变和提升。一旦这种审美心境遭到破坏，情绪则发生波动，心理活动由原来的审美高度消退到一般状态。旅游审美心境还受到景观审美的环境和氛围的影响。在旅游审美活动中，许多情况的存在和偶发，都可能成为旅游审美心境发生变化的干扰源，如织的游人、拥挤的交通、低质的服务，甚至主体本身身体的突然不适等都会对审美心境带来消极影响。

根据旅游审美活动进行时审美主体的各种表现，审美心境大致可以分为迷狂型、幻觉型、恬静型和理智型等类型。这些类型在旅游活动中都有所体现，其形成的原因与个体性格差异、审美潜能强弱等有直接关系。

3.2.3 旅游审美意识的调动

审美意识是指客观存在的对象在审美主体头脑中引起的能动的反映，是人在审美层次上的意识活动。

旅游审美意识是以观照景观对象为核心，以体验审美享受为特征，以追求充分的精神自由为目的的心理活动。在旅游审美心理活动的准备阶段，审美意识的渐醒和积极调动把旅游者（审美主体）带入真正的审美过程，促使旅游者自觉地进入景观审美体验、体味的状态。旅游审美意识在旅游景观审美心理过程中起着十分重要的作用，旅游者审美潜能由潜在变为现实，审美心境由朦胧转为清晰，以及审美心理场的建立，都是围绕审美意识进行的。

3.2.4 旅游审美心理场的建立

心理场是指人在进行各种活动时所具有的心理环境。心理场的建立有赖于以下两方面因素。

一方面为主体内心的心理状态，另一方面为外在的环境氛围。两者相互作用形成在特定活动中特定的心理环境，从而影响并制约着主体心理活动的基本走向和特征表现。审美心理场以审美活动为对象，与一般的心理场有重要区别，它的建立以审美潜能为基础，以审美意识为核心，以审美心境为表征，是审美主体与审美对象相互适应的产物，是人的左右化的心理表现。

旅游审美活动的进行离不开审美心理场的建立，它是旅游者审美心境与旅游景观环境氛围两个主、客观条件协调统一的结果。旅游景观环境氛围是由多重因素构成的，它包括旅游景观场的氛围结构，也包括与景观有关影响旅游审美活动进行的客流、交通、服务、环境、气候等因素的综合状况。当旅游者的审美心境与旅游景观环境氛围产生呼应与共鸣时，旅游审美活动得以顺利展开，旅游者的审美情感、审美想象、审美理解会得到极大的调动和发挥，无生命的景观此时在旅游者来看也表现出对人的友好与召唤，促使旅游者进入较高的审美境界。

单元 3　旅游审美心理

3.3 旅游审美能力培养

3.3.1 旅游审美能力

审美能力是人们发现、感受、评价和欣赏美的心理能力。它包括在审美过程中主体应具备的各种能力，即敏锐的审美感受能力、丰富的审美想象能力、透彻的审美理解能力等。审美能力是人类独有的能力，是人类社会长期社会化的结果。景观审美需要良好的审美能力，同时审美能力在景观鉴赏活动中也得到不断发展和提高。旅游审美能力的培养主要包括对主体审美感受力、审美想象力和审美理解力的培养。

3.3.2 审美感受力培养

审美感受力，即审美感受能力，是指审美感觉器官对审美对象的感知能力，审美感受力是审美主体在观赏审美对象时所产生的积极的综合的心理反应。这里的感觉器官主要指发挥主导作用的视觉、听觉器官。审美感受力由审美观察力和审美情绪感应力构成。

审美感受力的特点包括直觉性、情感性、差异性。

3.3.3 审美想象力培养

审美想象力，是指通过审美感知将把握到的审美对象的完整形式或大脑中储存的现成图示，按照主体审美情感、审美理想，加以改造、组合、冶炼、重铸成全新意向的能力。在审美活动中，它起着一种具有枢纽作用的心理功能。黑格尔曾指出："最杰出的艺术本领就是想象。"旅游活动中，审美想象力无时无刻不发挥着作用。

审美想象力的特点包括无限性、情感性、理想性、创造性。

3.3.4 审美理解力培养

审美理解力是在感受的基础上，把握自然事物的意味或艺术作品意义或内容的能力。它是有意识的教育和无意识的文化熏陶的结果，是审美主体应该具备的一种必不可少的能力。

审美理解力的特点包括直接性、不确定性、多层次性。

在旅游景观审美活动中，旅游者的审美能力各构成要素，即审美感受力、审美想象力和审美理解力是相互联系、相互作用的，它们对于旅游者获得身心俱佳的审美享受缺一不可。

3.4 旅游审美阶段

美国视觉文化理论家约翰·伯格曾说，"我们只会看到我们有意去看的事物。有意去看乃是一种选择行为，其结果是我们所见之物带入了我们目力所及的范围""我们看事物的方式受到我们所知的东西或我们所信仰的东西的影响"。伯格所言，人们选择看什么受制于一定时代能够为人们提供所"看"的东西，而选择如何看，即"看的方式"则受到一定时代历史文化观念和时代意识、个性气质及人们在一定的历史文化环境中形成行为的影响，所"看"之物和"看"的行动是人们意向性选择的结果，是人的认知与行为之间的契合与关联。

用眼"看"是旅游审美活动得以展开的重要前提，是作为审美主体的旅游者与审美对象（即旅游产品）之间进行对话的基础，也是旅游活动本身的本质性体现。"看"这一行动既隐含着旅游者对旅游产品进行观赏与体验在文化上的自觉选择，也表现出旅游资源与产品开发在技术逐步成熟时根据旅游审美主体的需求在满足着他们的消费取向，构建起一种市场需求—产品开发的旅游消费模式，满足人们的视觉需求，让"看"的行动由潜在变成可能。换言之，旅游产品开发在交错迭起中大致历经了从自然旅游资源、人文旅游资源和科技奇观旅游资源与产品开发的三个阶段，这是旅游业发展从无到有、从小到大的一般过程和总体特征，也是旅游产品开发在技术上从粗浅到成熟的总体表现，更是旅游市场对旅游审美需求实现满足与旅游产品开发和市场推介之间的暗合，但旅游产品开发与旅游消费这些行为则决定于旅游者在视觉文化需求上的选择，即人们对旅游活动本质性的理解和消费取向。

因此，旅游审美活动从表层看是自然、人文和科技奇观旅游资源开发在技术上的逐步成熟过程，从深层看则是与大众对旅游活动做本体性理解和消费取向基础产生的视觉需求与产品开发之间的动态性的相互生成，旅游中的"看"与"被看"在市场机制与商业逻辑中被演

单元3 旅游审美心理

绎成一种消费模式,"被看"是为了让"看"而存在,并让"看"得到满足。作为"被看"客体的旅游产品开发的历程,充分反映出作为"看"的主体——旅游者的视觉观念与消费意识转变的过程。

1. 非自觉意识阶段——自然观光游的消费与视觉观赏

现代旅游业肇兴,人们对旅游的理解是自然观光游,因此对神奇诡谲的自然现象的观赏是他们旅游视觉消费的第一选择。"大众化""平民化""产业化"是现代旅游业的重要特征,是旅游作为经济产业开拓市场的终端所表现出来的形象化描述。它消解了"旅"与"游"这一活动属于少数特权阶层或骚人墨客对"旅"与"游"的历史垄断。在现代工业大发展、人们的收入水平不断提高、物质生活已经丰赡的情况下,人们对域外想象满足的欲望已成为可能,这是现代旅游产生的前提。但现代旅游业产生伊始,人们旅游的需求和动机并不是实现精神充实、性情陶冶、审美人生的完善与建构,而是实现对域外空间想象的满足。这依赖于人类具有普遍性本能的欲望和冲动。此时,他们对"旅游"的理解依然是素朴的、非自觉的,亦即是拘囿于传统意义上的"旅行"的理解,将旅游看作对异域的自然风景的观览、观光等简单、直接的"观"与"看"上,将旅游视为趋新猎奇、搜奇揽胜等简单的感官刺激,旅游活动就是观光活动,"旅游"与"旅行"是没有分差的。

因此,传统与历史的因袭思维让人们在选择旅游目的地时,仅仅是对异域的山川草木、烟岚云霞、飞禽走兽等自然中的"牢笼百态"进行选择性和单纯目的性的观赏,希冀通过旅游活动实现视觉差异性的选择性建构。这种观赏集中于自然景观的形式美的探索与发现,即对自然中的雄、奇、险、秀、幽等景观的色、声、形、滑、动、静等做视觉刺激的观赏和满足。"追求不同"是这一时期视觉观赏的旅游观念和旅游消费意识导向,人们对旅游的理解与因此而形成的视觉选择是旅游资源开发的着力点,集中于自然旅游资源与产品的开发。这也是大量"自然风景名胜区"为现代旅游业开发和形成的肇端原因。

因此,为旅游提供可能的物质现实和旅游的成行与人们对旅游印象的理解在现代旅游业兴起之初出现了时代的错位。一方面是因为人们对"旅游"的含义与整个旅游业发展的导向并不具有解释权,在旅游业的完整链条中也缺乏主体性的身份和可以选择的权利;另一方面,因袭的思维和惯常性行为依然在时代向现代转换时,不能脱弃。因而,人们未能将旅游与古代旅行的内涵与实质,以及因时代变迁形成的价值指向予以区分。他们依然以为旅游就是在日常居住地外的走走看看式的游览观光。

在消费意识上,也是一种趋新好奇式的非理性的盲目消费,具有较强的"炫耀性"消费特征和趋时迷尚风气。因此,人们对旅游的价值导向只能拘囿在视觉的冲击和对域外自然风物差异性的寻求上,使旅游活动脱离了精神性、审美性、愉悦性。进言之,"外延化"旅游资源，即自然界山光水色、烟霞云岚是旅游审美观照对象，人们在对自然的观照中，并未把旅游作为愉悦身心的手段和方式，未与自然旅游资源间建立对话关系，未体悟到对自然的观赏是将自身抛向自然的怀抱，实现本真的回归的方式，故而对旅游的理解决定了对自然风景的色、声、形等，以及动与静、有与无、虚与实的简单的视觉观赏上，而"内涵化"旅游则要随时代的跟进和人们对旅游做进一步感知才能实现。

2. 自觉阶段——文化旅游消费与视觉观赏

旅游者对"旅游"的理解逐步从非理性的曲解转向理性的认知，清晰地认识到旅游不仅仅是对自然风光的观赏，不是自然景观—旅游者这一单一向度的信息传递和单纯的感官满足和视觉冲击，于此，他们对自身的旅游活动提出更高的要求，即在满足一定视觉感官时，需将深层的体验加以结合，使旅游审美的视觉从域外自然风光的观赏转向与人类生产生活活动有关的物象的观赏上来，即将旅游视觉从对自然风光的观赏转向对历史文物、民族民间文化等具有一定历史文化价值的旅游产品的观赏与体悟上，"内涵化"旅游被人们逐步理解、接受和认同。

这一转向标志着旅游业的发展和旅游者对旅游活动认知的成熟，同时向旅游业的发展提出了更高、更全面、更丰富的内容和标准，也实现了旅游资源的开发从自然旅游资源与产品的开发到文化旅游资源与产品的开发的转向和升级。旅游业经历了原初性的发展后，旅游者通过周期性的、频繁的旅游活动，逐渐加深了对"旅游"的认知和理解，同时实现了对自身的生命、生活、存在的启蒙，对旅游活动也就提出了更高的质量要求。旅游者深刻地体悟到人的存在不仅是感性的、自然的生命存在，更是理性的、文化的存在，而个体的文化人格则又需要通过深深的"体验"来实现和完成，特别是对自身文化身份的确认需要通过异域文化这一"他者"的参照进行形塑和建构来彰显。在旅游活动中，他们与异域文化发生了交流与碰撞，接触到异质文化的多样性、丰富性和复杂性，异质文化异象纷呈、多姿多彩，鉴此认知和了解到个体文化人格与身份的横向存在；也从历史文化身份中，体悟到作为个体的纵向存在，即建构着自己的历史、民族文化存在，使自己在对历史文化的参照中，不仅深度地了解了历史史实，也能从历史史实中追寻深层的文化意蕴。

为此，旅游学界和大众为"旅游"赋予了全新的理解和阐释，即旅游活动就是离开长住地而进行的异域文化认知、体验活动。随着经济的高速发展、城镇化的加速推进，人与人之间的"邻居心态"已经被彻底剥蚀和消解，人格的自我重构需要文化的参与和生命个体的自我融入，旅游者不得已离开"熟悉而又陌生"的人群，到异乡去观赏具有历史文化深度的景区、景点，通过观赏与体悟来疗治"城市病"，从而实现"精神返乡"。旅游者的这一目标选择与旅游价值的导向，也实现了自然风景名胜区、地质遗产、森林公园、自然保护区等自然景观旅游向各种遗迹遗址旅游、建筑设施旅游、人文风俗节庆旅游和特色商品旅游等人文景观旅游的华丽转身。在效用上，趋向休闲、度假、疗养、科考等具有一定精神性、情感性的体验旅游方式。

这一旅游审美视觉的转向，较伊始主要以自然风景作为审美观照对象，具有如下特点。

其一，视觉观赏与内在领悟相结合。虽然第一阶段也具有领悟的特性，如通过对大自然中的风光霁月、云霞烟岚的观赏，实现对人的本质力量的观照，见证人的主体性的存在，同时又在与自然风物的对话中，感悟人的诗性、主体性。在与自然风物的对话中，感悟人的诗性、自然性存在，挥别物质现实对人的精神、情感的浸透，使投向物质现实的目光回到内心，重塑自然道德品质，使自己"徜徉自怡于原有的家园中"。文化旅游兴盛便是人们在注重视觉观赏的同时，追求内在深层体验的原因。

其二，视觉选择的目标审美对象从无序到整饬与统一。

自然风光并未经过人类的生产生活活动直接加工改造，因此其山光水色、风云烟霞，以及山的线条、岸的轮廓等都表现出天然性和原生性（尽管部分岩溶地貌因大自然的鬼斧神工似表现出经过人工雕琢的痕迹，其神秘性、奇异性正是其旅游吸引力所在），这大自然中的动与静、有与无、虚与实、有序与无序在繁复交错中以辩证呈现的方式成为各风景区的主要看点。

人文旅游中的人文景观是经过人类的生产生活活动加工改造过的对象，它不仅彰显了人的本质力量的存在，而且浸润了各民族的审美文化和伦理价值取向，甚至民族的宗教、信仰、禁忌也隐含其中，这便是文化旅游资源的静态性表现。同时，各种民族节日活动、生产活动方式、生活习俗等又以动态性的方式呈现，便于异域旅游者观赏。这些以静态与动态呈现的文化形态，在经过了人类的直接与间接加工后，都具有反复与整齐、对称与均衡、调和与对比、尺度与比例、节奏与韵律、多样与统一等外在的形式美特征，旅游者的视觉触接"有意味的形式"，并通过对形式的观照审视形式所蕴藏着的审美文化意蕴，感悟风物的意境美，追寻"弦外之音，味外之旨"。

其三，作为文化主体的旅游者的参与性极大增强。对文化旅游资源的观照不仅需要旅游者对观照对象的一般知识进行掌握，更需要将所了解的知识涵化到自己的内心情感和精神世界中。这样在旅游活动进行时，旅游者才能与观照对象进行深入对话，在精神与情感上实现沟通；其才能在惊异中涤除营营生计对人的桎梏，完成人性的复归。同时，很多民族民间活动，如彝族的火把节、傣族的泼水节等各种节日节庆，为旅游者提供的不仅有视觉的观赏、感官的刺激，还有直接的参与性。旅游者通过参与能让紧张的生理肌体得到松弛，情绪得到舒缓，促进身心的和谐；更为重要的是，能通过参与了解其他民族文化的深层含义，促进民族间的相互认同，实现和谐与团结。相较而言，仅从审美视觉看，自然观光旅游给人们的视觉冲击更大，内容也更丰富，色彩、线条的奇异变幻更令人震撼；在倡导生态文明的社会语境中，自然观光旅游也具有保护生态环境、促进人与自然和谐的教育意义。

但文化旅游更能直观地让旅游者感知到人作为主体性的存在和自身的文化身份，或者它是一种全新的知识含量极高的旅游形式，是自然观光旅游的超越与突破，也标志着旅游业发展的成熟，是"体验经济"时代最为突出的表现形式，使人们在旅游活动中进行历史的追思，凝思人类历史的神秘与奥妙。从个体消费意识看，旅游者更侧重对个体感性生命的感知和体悟，对社会、历史、文化的历史纵深感的追思；能对自身旅游需求进行判定，进行自觉性的选择，具有个体性的意志判断力；能在多样性、差别化的旅游资源中抉择，而非从众性的、单纯性的视觉消费。

这种旅游消费意识使旅游审美视觉从自然力所形成的物茂风华的波云诡谲、奇异变化中，入乎于心理主义的写实化情境，使生命意识自觉澄明。旅游意识与审美视觉化合为眼与心、表与里、整体与和谐。

思考与练习

一、填空题

1. 心理学中通常将_____和_____合在一起，统称为审美感知，它是审美感受的基本心理形式。
2. 旅游景观审美的心理过程包括四个方面：_____、_____、_____、_____。
3. 审美想象力的特点包括_____、_____、_____、_____。

二、单项选择题

1. 以下不是审美感受力的特点的是（　　）。
 A. 直觉性　　　　　　　　　　B. 情感性
 C. 差异性　　　　　　　　　　D. 体验性
2. 旅游审美能力的培养不包括对主体（　　）的培养。
 A. 审美感受力　　　　　　　　B. 审美想象力
 C. 审美理解力　　　　　　　　D. 审美判断力

三、名称解释

1. 审美想象力。
2. 审美理解力。

3. 审美理解。

4. 审美知觉。

四、简答题

1. 旅游审美能力的内涵是什么?

2. 简述旅游审美潜能的介入过程。

3. 简述旅游审美的两个阶段。

单元 4

旅游审美的基本原理和方法

案例

景区一 三山景区（象鼻山、伏波山、叠彩山）

象鼻山公园位于漓江与桃花江汇流处，是桂林山水的代表。象鼻山以其"象山水月"的奇观荣膺桂林城徽之誉。"饱吸清风高卷鼻，横拖明月懒归阑"是象鼻山的真实写照。象山之巅，绿树丛中耸立着一座建于明代初期的覆钵式塔——普贤塔，其既拥自然造诣又不失人文风采。从象鼻山公园沿着绿树成荫的滨江北行约2公里，即可到达伏波山公园。公园由多级山地庭院组成，其主体是伏波山，有还珠洞、千佛岩、试剑石、听涛阁、半山亭、千人锅及大铁钟等景点和文物。游人可沿石级曲折而上，经休息坪、半山塔亭直达伏波山顶，亦可入洞探奇观水，还可通过伏波潭上的浮桥到达漓江江心的无名洲岛上。

伏波山山势陡峭，拔地擎天。山的东南面是临江回廊，可依崖听涛；西南有登山石阶，可登高远眺，是欣赏桂林全景的最佳去处，有"伏波胜境"之美称。

叠彩山公园，位于桂林市中心偏北部，紧傍漓江西岸，与伏波山仅千米之遥。进入叠彩公园大门，即可拾级上山。叠彩山因其山石层层横断，如彩绸锦缎相叠而得名。叠彩山山貌奇特，翠覆重峦，佳景甚多，是市区风景荟萃之地，自古有"江山会景处"之美称。驻足峰顶的拿云亭眺望，远山近水、城郭楼台，尽收眼底。"拿云亭上望，漓水来春风"，文人骚客朗朗上口的诗句又给此处添了人文风韵。

景区二 漓江

漓江发源于"华南第一峰"桂北越城岭猫儿山（兴安县内），流经桂林、阳朔，至平乐县恭城河口，全长170公里，是喀斯特地貌发育最典型的地段，酷似一条青罗带，蜿蜒于万点奇峰之间，人称"百里漓江，百里画廊"。新版人民币20元背面，就是漓江山水的一段。游览漓江，有一个绝妙之处，那就是景观不因时、因地、因气候受影响，而会各有独特之处。不同的天气漓江更是别有一番风味：晴天，青峰倒影；阴天，漫山云雾；雨天，漓江烟雨。甚至是阴雨天，但见江上烟波浩渺，群山若隐若现，浮云穿行于奇峰之间，雨幕似轻纱笼罩江山之上，活像一幅幅千姿百态的泼墨水彩画。正是"桂林山水甲天下，绝妙漓江泛秋图"。

景区三　芦笛岩

芦笛岩是一个囊状的岩洞，进口与出口相邻，进洞处为原来的天然洞口，出洞处是开凿的人工洞口。洞深240米，游程约500米。洞中大量的石钟乳、石笋、石柱、石幔、石花，是在岩洞形成以后，含有碳酸盐类的地下水顺着岩石裂隙流出，水分蒸发，碳酸盐类沉淀结晶，逐渐堆积而成，千态万状。芦笛岩的特点就是洞中滴水多，石钟乳、石笋、石柱发育成为洞中的填塞物也特别多。游人进洞，在林立的石柱缝隙中间转来转去，加上彩色灯光的照耀，如同置身仙境一般。

景区四　龙脊梯田

龙脊梯田位于龙胜县东南部和平乡境内，距桂林市区77公里，距龙胜县城17公里，是一个规模宏大的梯田群，如链似带，从山脚盘绕到山顶；线条行云流水，潇洒柔畅；规模磅礴壮观，气势恢宏，有"梯田世界之冠"的美誉。龙脊梯田地处海拔1916米的深山，梯田海拔最高1180米，最低380米，面积70.16平方公里，共分为金坑红瑶梯田观景区、平安壮族梯田观景区、龙脊古壮寨梯田观景区。平安壮族梯田和金坑红瑶梯田分别代表壮族文化和瑶族文化。

分析：

请综合上述四个案例，说明风景旅游的审美方法。

4.1 动态观赏与静态观赏

4.1.1 动态观赏

动态观赏是指人在游览中，沿着一定的风景线，或徒步，或乘车，或坐船……于移动过程中欣赏风景变幻，玩味那些包罗万象、流动幻变的风光胜景。

特别是山水有机组合的景观，坐船观景，方能体会"人在画中游"的佳境。

漓江

在观赏者和观赏对象的相对移动中，观赏者置身于风景之中，人与景相互交融，人随景移，景随人变，身临其境地感受到风景的立体之美。旅游者可以感受到视觉、知觉强烈的运动感，获得一种生机盎然、气势浩荡的审美感受。

4.1.2 静态观赏

静态观赏是旅游者在一定的位置上，面对风景的一种欣赏活动。动中求静、静中求动、动静结合，动与静互补产生审美增值的效应。

苏州园林

秦始皇陵铜车马　　　　　　　吉林雾凇

清明上河图

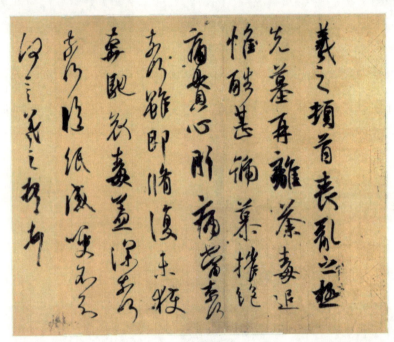

古代绘画艺术

古代书法艺术

王羲之书法

园林美学家陈从周说:"动静二字,本相对而言。有动必有静、有静必有动……若静坐亭中,行云流水,鸟飞花落,皆动也。舟游人行,而山石树木,则又静止者。止水静,游鱼动,静动交织,自成佳趣。"

泛舟

4.2 移情与距离

4.2.1 移情观赏

所谓移情，就是情感的挪移或换位。审美移情，是人们在审美活动中与审美对象达到的一种物我同一的审美状态，使原本无生命的自然物仿佛像人一样具有思想、情感、意志和心理活动，达到"自然的人化"。同时，客体对象也作用于人的感官，使审美主体受到感染，引起共鸣，唤起美感。审美移情就是由我及物、由物及我或由物及物，达到物我同一的心理过程。

移情于景，情景交融。身在自然，志在自然。神思游于自然之间，心随景化，情景交融，以至于陶醉于自然美的王国之中。

天净沙·秋思

马致远

枯藤老树昏鸦，
小桥流水人家，
古道西风瘦马。
夕阳西下，
断肠人在天涯。

移情说是德国美学家立普斯的创举。移情作为一条最基本的审美原理，不是一种身体或生理的感觉，而是在审美关系上强调"物我同一"。移情说与中国传统美学思想中的情景交融、一切景语皆情语的境界契合。移情观赏使审美的主客体之间实现"物我同一的无差别境界"，而实现"观山则情满于山，观海则情溢于海"的观赏境界。

4.2.2 观赏距离

观赏景观时，选择适当的距离是很重要的。距离不当，往往欣赏不到美。对全景的观赏需要距离远些，才能见其全貌和整体的美，要想看到局部的美，则需要近些。距离将审美对象提高到超出利害关系和实用目的的领域，而成为"自身目的"。距离是一种审美原理，是审美悟性的一种特征。

1. 心理距离

朱光潜说:"心理距离其实不过是由于暂时脱离实用生活的约束,把事物摆在适当的距离之外去观赏罢了。我们在旅游中最容易见出事物的美……这就是因为那个新环境还没有变成实用的工具。"

2. 空间距离

空间距离指实际距离,即人与物之间的远近长短间隔。

1)人文景观

浪沧亭

2)自然景观

壶口瀑布

费歇尔说:"我们只有隔着一定的距离才能看到美,距离本身能够美化一切。距离不仅掩盖了物体外表的不洁之处,而且抹掉了那些使物体原形毕露的微小细节,消除了那种过于琐细和微不足道的明晰性和精确性。"

4.3 时机与位置

4.3.1 观赏时机

景观美的展示具有一定的时间性，观赏活动要善于把握时机。自然景观随时间、天气、季节的变化而展示出不同的自然美。某些景象只在特定的时间、地点、季节出现。所谓朝暮阴晴，各不相同，说明了在不同的时间、天气和季节，景观展现出不同的美态，带给人们不同的美感体验。

1. 季节美

雪乡

2. 时间美

洱海

4.3.2 观赏位置

"横看成岭侧成峰,远近高低各不同",就是强调景观从不同的角度观赏所得到的不同的审美效果。事实上,许多惟妙惟肖、发人遐想的景观,都只有在特定的景点、恰当的角度才能看到。旅游者在观赏风景时,要选择好角度,可正面观赏,也可侧面观赏;可平视、仰视,也可俯视。

观赏江河湖海应在位置较高的亭台楼阁之上,以俯瞰全景之貌,兼收远眺之趣。视点、角度、方位乃至距离等造成了透视关系、纵深关系、视野范围的不同。

1. 江河湖海

江河湖海

2. 地貌造型

张家界

3. 园林

苏州园林

4.4 节奏与重点

4.4.1 观赏节奏

所谓节奏，就是指进行某一活动、动作过程的快慢。观赏节奏则是指旅游活动中观赏事物的快慢速度，只有掌握好观赏节奏，才能保持最佳的情绪和游兴，才能使旅游者更好地领略景观的美，才能更好地体验旅游的乐趣。

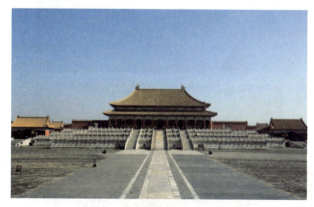

太和殿

中和殿

保和殿

4.4.2 观赏重点

旅游美景数不胜数，旅游者由于种种原因不可能踏遍每一处景致，欣赏所有景物之美。所谓重点观赏，就是旅游者有选择性地参观游览风景中最具有代表性、最具个性特色、最具美感体验的景物。

1. 黄山四绝

黄山四绝

2. 华山

华山

众多的观赏方法不是孤立的，而是相互融合、相辅相成的。只有掌握了一定的观赏方法并加以综合运用，才能使旅游者更好、更完整地感受旅游带来的乐趣，体味旅游所包含的美的魅力。

思考与练习

一、填空题

1. 观赏距离包括_____、_____。

2. _____是旅游者有选择性地参观游览风景中最具有代表性、最具个性特色、最具美感体验的景物。

3. _____使审美的主客体之间实现"物我同一的无差别境界"，而实现"观山则情满于山，观海则情溢于海"的观赏境界。

4. _____是旅游者在一定的位置上，面对风景的一种欣赏活动。

二、简答题

1. 各举三例说明景观从不同的角度观赏所得到的不同的审美效果。

2. 简述旅游观赏节奏的含义。

3. 请结合你的实际体会，谈谈你对移情观赏的理解。

单元 5

自然景观审美

案例

五岳归来不看山

东岳泰山之雄,西岳华山之险,南岳衡山之秀,北岳恒山之奇,中岳嵩山之峻,早已闻名于世界。

泰山是山东丘陵中最高大的山脉,地层为华北地台典型基底和盖层结构区,南部上升幅度大,盖层被风化掉了,露出大片基底——泰山杂岩,即太古界泰山群地层,其绝对年龄在25亿年左右,是中国最古老的地层之一。北部上升幅度小,盖层保存着典型的华北地台上发育的古生代地层。泰山地貌分为冲洪积台地、剥蚀堆积丘陵、构造剥蚀低山和侵蚀构造中低山四大类型,在空间形象上,由低而高,造成层峦叠嶂、凌空高耸的巍峨之势,形成多种地形群体组合的地貌景观。

华山,古称西岳,雅称"太华山",为中国著名的五岳之一,中华文明的发祥地,"中华"和"华夏"之"华",就源于华山。华山位于陕西省渭南市华阴市,在省会西安以东120千米处。南接秦岭,北瞰黄渭,自古以来就有"奇险天下第一山"的说法。华山是道教全真派圣地,为"第四洞天",也是中国民间广泛崇奉的神祇,即西岳华山君神。山中共有72个半悬空洞,道观20余座,其中玉泉院、都龙庙、东道院、镇岳宫被列为全国重点道教宫观,有陈抟、郝大通、贺元希等著名的道教高人。

衡山,又名南岳、寿岳、南山,为中国五岳之一,位于湖南省中部偏东南部,绵亘于衡阳、湘潭两盆地间,主体部分位于衡阳市南岳区、衡山县和衡阳县东部。衡山是中国著名的道教、佛教圣地,环山有寺、庙、庵、观200多处。衡山是上古时期君王唐尧、虞舜巡疆狩猎祭祀社稷,夏禹杀马祭天地求治洪方法之地。衡山山神是民间崇拜的火神祝融,他被黄帝委任镇守衡山,教民用火,化育万物,死后葬于衡山赤帝峰,被当地尊称南岳圣帝。道教"三十六洞天,七十二福地",有四处位于衡山之中,佛祖释迦牟尼两颗真身舍利子藏于衡山南台寺金刚舍利塔中。

恒山，亦名"太恒山"，古称玄武山、崞山，位于山西省大同市浑源县。其中，倒马关、紫荆关、平型关、雁门关、宁武关虎踞为险，是塞外高原通向冀中平原之咽喉要冲。主峰天峰岭在浑源县城南，海拔2016.1米，为中国地理标志，是道教全真派圣地。

嵩山，古称"外方"，夏商时称"崇高""崇山"，西周时称为"岳山"，以嵩山为中央，左岱（泰山）右华（华山），定嵩山为中岳，始称"中岳嵩山"。嵩山位于河南省西部，地处登封市西北面，西邻古都洛阳，东临郑州，属伏牛山系。嵩山总面积约为450平方公里，由太室山与少室山组成，共72峰，海拔最低为350米，最高处为1512米。主峰峻极峰位于太室山，海拔1491.7米；最高峰连天峰位于少室山，海拔1512米。嵩山北瞰黄河、洛水，南临颍水、箕山，东通郑汴，西连十三朝古都洛阳，是古京师洛阳东方的重要屏障，素为京畿之地，具有深厚文化底蕴，是中国佛教禅宗的发源地和道教圣地。嵩山曾有30多位皇帝、150多位著名文人所亲临。《诗经》有"嵩高惟岳，峻极于天"的名句。

分析：

东岳泰山之雄，西岳华山之险，南岳衡山之秀，北岳恒山之奇，中岳嵩山之峻具体体现在哪些方面？

5.1 认识自然景观

5.1.1 自然景观的内涵

景观是一定区域的自然要素（如山川、气候、河流、湖泊、海洋、生物、土壤等）与人文要素（如社会、经济、文化等）共同构成的相互联系、相互制约的一个综合整体。

自然景观是指自然界原有物态（地质、地貌、气候、水文、土壤、生物六大要素）相互依存、相互制约，共同构成的自然综合体景观，它很少受到人类影响，如自然形成的河流、山川、树木等。自然景观是只受到人类间接、轻微或偶尔影响而原有自然面貌未发生明显变化的景观，如极地、高山、大荒漠、大沼泽、热带雨林及某些自然保护区等。

湖南——"三湘四水"地理

5.1.2 自然景观的特征

1. 天然赋存性

从发生学的角度上看，一切自然景观都是大自然长期发展变化的产物，是大自然的鬼斧神工雕造，具有天然赋存的特点。

2. 地域性

自然景观是由各种自然要素相互作用而形成的自然环境，它具有明显的地域性特征，如我国风景的"北雄南秀"的特征反映了南北自然景观的总的差异。

3. 科学性

自然景观各要素间所具有的各种复杂多样的因果关系和相互联系的特点，反映在自然景观的各个方面。因而自然景观的具体成因、特点和分布，都是有科学道理的。

4. 综合美

从旅游审美的角度上看，一切自然景观都具有自然属性特征的美。在自然景观美中，单一的自然景物，由于构景因素单调，一般来说，它的美是单调的；大多数自然景观美是由多种构景因素组成的，它们相互配合，融为一体，并与周围环境相协调，所以体现出综合美的特点。

5. 吸引价值的差异性

自然景观虽是大自然本身的产物，然而"千座山脉难以尽奇，万条江河难以尽秀"，只有具备能引起人们美感属性的自然景观，只有能使观赏者获得美的那部分景观，才是自然美的代表，才具有自然景观美。

5.1.3 自然景观的分类

自然景观是地质、地貌、气候、水文、土壤、生物六大要素相互依存、相互制约，共同构成的自然综合体，基本上是天然赋存的。我国地大物博，生态环境多样，自然旅游资源异常丰富。

1. 山地自然景观

我国风景名山遍布全国，百态千姿。以山体的宏观形态及岩性特征为代表的花岗岩山地景观包括泰山、黄山、华山、衡山、九华山等，特点是主峰明显，群峰簇拥，峭拔危立，雄伟险峻。以石灰岩溶解沉淀而形成的石钟乳、石笋、石柱、石花等千姿丰态的洞穴景观，特点是山地高度不大，石峰林立或孤峰突起，且造型丰富。以红色砂岩发育而成的丹霞山地代表仁化丹霞山，特点是丹山碧水、精巧玲珑。以历史价值、文化价值、宗教价值著称的包括龙门山、五台山、九华山、峨眉山、武当山等，具有浓厚的宗教文化氛围。

云南——山地高原地形地貌

2. 特异地貌自然景观

世界上较为罕见的地貌景观，如澳大利亚艾尔斯巨石，美国科罗拉多大峡谷，中国贵州以地缝、天坑、峰林三绝著称的马岭河地缝裂谷景观，中国黑龙江以石龙石海和火山口为特色的五大连池火山岩熔景观，中国福建鸳鸯溪白水洋水下石板广场，中国云南元谋土林等。

新疆——"三山夹两盆"地貌

3. 水体自然景观

水体自然景观是大自然风景的重要组成部分，是灵气之所在。包括大江大河及其冲积而成的著名峡谷，如长江三峡、漓江、西湖、滇池、洱海（构造湖）、黄果树瀑布（岩溶型瀑布）、黄河壶口瀑布（差异侵蚀型瀑布）、中泠泉、黄山温泉、珠穆朗玛峰冰川、"壮观天下无"的钱塘江大潮等。

4. 大气与天象自然景观

大气与天象自然景观是指那些可以造景、育景，并有观赏功能的物理现象和过程。如常发性的雨景、云雾景、冰雪景、明月、日出、彩虹，以及偶发性的佛光、海市蜃楼、雾凇、雨凇等，各以其造型、色彩、动态等美学特征而吸引旅游者。

5. 生物自然景观

生物的存在使得世界更加精彩，生机勃勃。例如，湖南张家界国家森林公园（中国第一个国家森林公园）、云南西双版纳原始森林景观（"植物王国"和"动物王国"）、内蒙古锡林郭勒草原，新疆巴音布鲁克草原、安徽黄山迎客松（黄山"四绝"之首），以及陕西黄帝陵的"轩辕柏"、奇花异草、珍禽异兽及栖息地等。

吉林省——地貌与气候

江西省——地貌与气候

黑龙江——地貌与气候

5.2 了解自然景观的审美特性

1. 形态美

客观存在物的总体形态和空间形式的综合美，包括雄伟美、奇特美、险峻美、秀丽美、幽静美、敞旷美等美感类型。

2. 色彩美

"光线是一切色彩的摇篮"，随着季节变换，昼夜更替，阴晴雨雪，自然风物相映生辉，呈现出丰富奇幻的色彩，构成最大众化的审美形式。

3. 听觉美

在特定的环境中，自然景观中的鸟语、风声、钟声、水声对景观可以起到一种对比、反衬、烘托的强化作用，它们能给人以赏心悦目的听觉美感享受。

4. 嗅觉美

嗅觉美是一种以生理快感为主要特征的审美享受，包括新鲜空气、海洋气息、木香、草香、花香、果香。

5. 动态美

包括水流、云雾、时间、季节、光照、植被等自然因素的动态作用和风物传说的动态作用。

6. 象征美

在美学范围内，人们常常凭借一些具体可感的形象或符号，以比喻的方式来传达或体现某些概括性的思想观念、情感意趣、志向抱负或抽象哲理，使之对象化，这样便会产生一种审美属性，称为象征性或象征美。

5.3 山地自然景观与审美鉴赏

山岳景观的雄、奇、险、幽、旷、野等形态美与姹紫嫣红的色彩美及蕴藏于静势之中的动态美，都会引发人们进入特定联想和想象天地。

5.3.1 花岗岩名山

花岗岩是分布十分广泛的酸性侵入岩，岩体造型丰富，质坚形朴，常形成山地的核心。其景观特点是：主峰明显，群峰簇拥，峭拔危立，雄伟险峻。如泰山的雄、黄山的奇、华山的险、峨眉山的秀、武陵山的奥、青城山的幽等，几乎全部或大部分由花岗岩组成。此外，浙江普陀山、海南岛天涯海角等景区，均属于花岗岩名丘。

泰山

黄山

华山

峨眉山

普陀山

青城山

5.3.2 岩溶山水

　　岩溶地貌主要发育在碳酸岩类岩石地区，其景观的基本特征是：山地高度不大，石峰林立或孤峰突起，而且造型丰富。景区内溶洞遍布，洞内常有地下湖或地下暗河，以及由石灰岩溶解沉淀而形成的石钟乳、石笋、石柱、石花等千姿百态的洞穴景观，主要分布在广西和云贵高原等地。

石钟乳

石笋

5.3.3 丹霞山地

　　丹霞山地由红色砂岩地区发育而成，因为在广东仁化县丹霞山发现而被命名为丹霞地貌。其景观特点是丹山碧水、精巧玲珑。仁化丹霞山是我国典型的丹霞风景区。此外，位于闽北崇安县的武夷山风景区，36座峰峦雄踞于九曲溪畔，形成"曲曲山回转，峰峰水抱流"的丹霞山水和深邃、幽奇的洞穴景观。

仁化丹霞山

5.4 水体自然景观与审美鉴赏

江河、湖海、飞瀑流泉、冰山雪峰不仅独自成景，还能点缀周围景观，使得山依水而活，天得水而秀。

1. 江河溪涧

江河溪涧包括大江大河及其冲积而成的著名峡谷，如著名的长江三峡（瞿塘峡、巫峡、西陵峡）、长江第一湾——虎跳峡、世界第一大峡谷（最深最长）——雅鲁藏布江大峡谷、世界第一长河——尼罗河、风景画廊——欧洲"蓝色多瑙河"、俄罗斯的母亲河——伏尔加河等。

长江三峡

虎跳峡

另外，还包括一些河川清流，如"山青、水秀、洞奇、石美"的漓江风光、美丽的富春江——新安江等。

漓江风光

新安江

山涧溪流风景，如福建武夷山九曲溪，堪称"三三秀水清如玉"，湘西张家界山水的灵魂——金鞭溪，还有大宁河小三峡、福建鸳鸯溪、湖北神农溪等著名溪流景观。

金鞭溪　　　　　　　　　　　　福建鸳鸯溪

2. 湖泊

著名的天然湖泊有"水天一色，风月无边"的洞庭湖、水光潋滟"欲把西湖比西子"的杭州西湖、云南昆明滇池和大理洱海（构造湖）、中国最大火山堰塞湖——黑龙江镜泊湖（火山湖）、王母瑶池仙境——新疆天山天池（冰成湖）、旷秀太湖（潟湖）、长白山天池（火山湖）、中国第一大湖——青海湖（构造湖）、中国第一大淡水湖——鄱阳湖（构造湖）、甘肃敦煌月牙泉（风蚀湖）、世界最大的咸水湖——里海、世界最深的湖——俄罗斯贝加尔湖、世界最大的淡水湖群——北美洲五大湖（苏必利尔湖、密歇根湖、休伦湖、伊利湖、安大略湖）、世界第一低地——约旦和以色列交界的死海、瑞士日内瓦湖、英国尼斯湖等。

洞庭湖

大理洱海

镜泊湖

敦煌月牙泉

3. 飞瀑流泉

中国三大著名瀑布，即贵州黄果树瀑布（岩溶型瀑布）、黄河壶口瀑布（差异侵蚀型瀑布）、黑龙江吊水楼瀑布（火山熔岩瀑布），还有著名的"飞流直下三千尺"的江西庐山香炉瀑布（构造性瀑布）、四川九寨沟瀑布群、湖南衡山水帘洞、江苏连云港云台山水帘洞（《西游记》水帘洞）、湖北神农架水帘洞、河南桐柏山水帘洞、福建武夷山水帘洞等。

贵州黄果树瀑布

黄河壶口瀑布

庐山香炉瀑布

九寨沟瀑布群

中国名泉主要有七大泡茶泉，即镇江中泠泉、无锡惠山泉（天下第二泉）、杭州虎跑泉、上饶陆羽泉、扬州瘦西湖泉、庐山招引泉、怀远白乳泉；具有医疗保健价值的湖南安宁"天下第一汤"、安徽黄山汤泉、广东从化温泉、陕西临潼华清池、重庆南北温泉、东北五大连池药泉；具有酿造功能的青岛崂山神水泉（青岛啤酒）、四川"金鱼泉"（五粮液）、贵州赤水河畔清泉（茅台酒）；具有观赏价值的济南趵突泉（济南被称为泉城，乾隆御封"天下第一泉"）、四川广元缩水洞的含羞泉、云南大理的蝴蝶泉、湖南嘉禾珍珠泉、河北野三坡鱼泉等。

世界名泉有美国黄石公园的间歇喷泉（老实泉）等。

4. 冰川景观

中国的珠穆朗玛峰冰川、天山一号冰川、四川海螺沟冰川和雪宝鼎、嘉峪关祁连山七一冰川，以及世界上著名的勃朗峰、乞力马扎罗山、富士山、北极冰川、南极冰川等。

四川海螺沟冰川

嘉峪关祁连山七一冰川

富士山

北极冰川

冰川景观旅游资源主要以高大山体为依存条件，所以较高大的山脉一般成为冰川景观旅游的首选。

5. 风景海域

风景海域主要是与海岸和海岛合为一体的复合景观，包括海潮、海啸、海风、海市蜃景等。如"壮观天下无"的钱塘江大潮，海南三亚亚龙湾有美丽的珊瑚景观和新月形沙滩，被称为"东方夏威夷","夏都"北戴河具有迷人风光；世界上著名风景海域有美国夏威夷瓦胡岛威基基海滩，其以"沙滩、浪花、排排棕榈树"著称，地中海各段分别以"天蓝色海岸""绿宝石海岸""金色海岸""太阳海岸""光明海岸"等美丽的名字闻名遐迩，西班牙著名的"太阳海岸"以阳光闻名。

钱塘江大潮

北戴河

5.5 大气与天象自然景观与审美鉴赏

气象气候条件如冷、热、干、湿、风、云、雨、雪、雾等，不仅是旅游活动的环境与背景，还具有直接造景、育景的功能，能够成为旅游者的重要观赏对象。

1. 日出与晚霞

日出是许多风景名胜区的重要观赏景观。去北戴河必登鹰角亭观日出，上泰山、黄山观日出，也是旅游的活动项目。霞光主要有朝霞、晚霞、雾霞等。河南信阳鸡公山十景之一的"晚霞夕照"，江西彭泽八景中的"观客流霞"，贵州毕节八景中的"东壁朝霞"等都很有名。

2. 日食、月食、彗星奇观

日食是月球遮掩太阳的一种天象；月食是地球遮掩太阳，月球没有可以被反射的阳光，从而失去光亮的一种天象。太阳系中有着数量众多的彗星和流星体。例如，著名的哈雷彗星，它的公转周期为76年，有的彗星有史以来只出现过一次。

不论是日食、月食，还是彗星，都是极为罕见的天象奇观，数年来吸引着无数人的关注和兴趣。1986年的哈雷彗星观察、1987年的日全食观察、1997年的海尔彗星观察，都吸引着成千上万的天文爱好者。

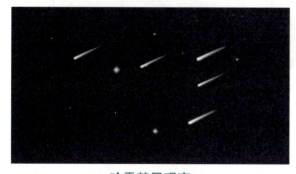

哈雷彗星观察

日全食观察

3. 云雾景

我国许多地方有云雾景，如"双峰插云"为"西湖十景"之一，"狮洞烟云"是"蓬莱十景"之一，而"罗峰晴云"构成峨眉山的主要景观。"山无云不秀"，在山地风景区中，云雾常构成绝妙的景观，是山地景物的重要组成部分。"黄山自古云成海"是"黄山四绝"之一。庐山的云更是堪称一绝,曾有人云:"庐山之奇莫若云,或听之有声,或嗅之欲醉,团团然若絮,蓬蓬然若海。"

峨眉山云雾景

黄山云雾景

4. 雨景

雨景除来自雨本身所具有的扑朔迷离的朦胧美外,其观赏性主要还体现在它与地貌、植被等其他景观要素的相互配合。所谓"雨中看山也莫嫌,只缘山色雨中添""残荷听雨""雨打芭蕉"说的就是这种配合产生的视、听觉效果。我国许多地方有雨景胜迹,如蓬莱十景之一的"漏天银雨"、峨眉十景之一的"洪椿晓雨"以及桂林"漓江烟雨"等。一些特有的降雨现象也成为吸引旅游者的因素,如巴山夜雨、雅安天漏(多雨)。

5. 蜃景与宝光

蜃景又叫海市蜃楼，这种自然景象是由大气的折射和反射作用造成的，一般出现在中高纬度地区的海面、沙漠等地势开阔的地方。在我国山东蓬莱一带，每当春夏之交，或夏末秋初，平静的海面上有时会出现一种奇幻的景象。座座亭台楼阁，一片片山村村舍，时隐时现，如同仙境一般。

海市蜃楼

温带季风气候——山西省

亚热带季风气候——上海市

热带海洋气候——海南省

5.6 生物自然景观与审美鉴赏

自然景观是大自然馈赠给人类的瑰宝，不仅构成了丰富的旅游资源和人类生存的环境，而且蕴藏着丰富的科学内涵和美学价值，是认识自然、探索自然奥秘的载体，许多科学发现和自然规律的探索都直接或间接地来源于人们对自然景观的认识。自然景观的类型多样，包括在地质历史时期形成的规模宏大、丰富多彩、令人目不暇接的地质、地貌和水体景观，也包括现今生机盎然的生物景观和变幻莫测的宇宙景观。赏析自然景观，能陶冶我们的情操，

单元 5 自然景观审美

了解各种自然景观的成因与演化、景观资源的合理开发与保护、自然景观赏析的基本原理与方法，获得美的享受，提高审美情趣和审美能力。

张家界国家森林公园

巴音布鲁克草原

思考与练习

一、填空题

1. 旅游审美感受的四个心理要素是_____、_____、_____、_____。
2. 风景美属于_____的范畴，是引起旅游的主要因素。
3. "日出江花红胜火，春来江水绿如蓝"所赞美的是自然风景的_____美。
4. 旅游是人们_____的一部分。

二、单项选择题

1. 黄山的审美特征是（　　）。
   A. 雄　　　　　B. 秀　　　　　C. 奇　　　　　D. 险
2. 中国名山中，具有其特美的是（　　）。
   A. 泰山　　　　B. 华山　　　　C. 黄山　　　　D. 青城山
3. "霜叶红于二月花"描绘的是风景美的（　　）。
   A. 动态美　　　B. 朦胧美　　　C. 形象美　　　D. 色形美
4. "水光潋滟晴方好，山色空蒙雨亦奇"，说明观赏自然物不同的（　　）会产生不同的效果。
   A. 时间　　　　B. 角度　　　　C. 距离　　　　D. 心情
5. 人们把黄山的奇峰怪石称为"喜鹊登梅""猴子观海"，是基于（　　）。
   A. 审美直觉　　B. 类似联想　　C. 通感　　　　D. 审美动机

三、多项选择题（每题2分，共10分）

1. "两个黄鹂鸣翠柳，一行白鹭上青天"，体现出大自然的（　　）。
   A. 色彩美　　　B. 朦胧美　　　C. 雄壮美　　　D. 动态美
   E. 声音美
2. "黄山四奇"指的是（　　）。
   A. 土、柏　　　B. 石、松　　　C. 云、泉　　　D. 云、雾
3. 以下属于自然景观的是（　　）。
   A. 泰山之雄　　B. 华山之险　　C. 峨眉之秀　　D. 青城之幽

四、简答题

1. 各举三例说明自然景观的"雄"与"秀"之美。
2. 简述自然美的主要观赏方法。
3. 请结合你实际去过的景点论述观赏风景的方法。

单元 6

人文景观审美

案例 1

颐和园原是帝王的行宫和花园。1750年，乾隆皇帝将这里改建为清漪园。1860年，清漪园被英法联军焚毁。1888年，慈禧太后挪用海军经费3000万两白银重建，改称今名，作消夏游乐地。1900年，颐和园又遭八国联军破坏，烧毁了许多建筑物。1903年修复。后来在军阀、国民党统治时期，又遭破坏，中华人民共和国成立后不断修缮，才使这座古老的园林焕发了青春。

颐和园的面积达290公顷[①]。整个园林以万寿山上高达41米的佛香阁为中心，根据不同地点和地形，配置了殿、堂、楼、阁、廊、亭等精致的建筑。

这座巨大的园林依山面水，昆明湖约占全园面积的3/4。但它的水面并不单调，除了湖的四周点缀着各种建筑物外，湖中有一座南湖岛，由一座美丽的十七孔桥和岸上相连。在湖的西部，有一座西堤，堤上修有六座造形优美的桥。

仁寿殿原名勤政殿，是皇帝坐朝听政的大殿。慈禧、光绪曾多次在此召见群臣，接待外国使节。现在内部还保存着清代的陈设。展前陈设的铜龙、铜凤、铜鼎等，雕制均极为精美。

排云殿，是前山最宏伟的一组宫殿式建筑群，是慈禧在园内过生日时接受贺拜的地方。长廊，共273间，全长728米。它北靠万寿山，南临昆明湖，在长廊上漫步，可以欣赏湖山的景色，而且长廊的每根枋梁上都绘有彩画，可供观赏。

乐寿堂，是慈禧在园内居住的地方。室内的陈设，基本上保持了当年的面貌。庭院里栽种了几株珍贵的玉兰，并点缀着一块名为青芝岫的巨大的山石。

十七孔桥，长150米，宽8米，是园内最大的一座桥梁。桥的造型优美，它西连南湖岛，东接廊如亭，不但是前往南湖岛的唯一通道，而且是湖区的一个重要景点。颐和园共有各种建筑3000多间，游览颐和园，除园林外，观赏各种古代建筑物也是重要的内容。

---

① 1公顷=1万平方千米。

案例 2

清晖园位于广东省佛山市顺德区大良街道清晖路，与佛山梁园、番禺余荫山房、东莞可园，并称为广东四大名园，系省级文物保护单位。该园原为明末状元黄士俊所建。清代乾隆年间，为进士龙应时购得。其后，经龙氏数代精心营建，至民国初年，格局始臻定型。

顺德区委、区政府对清晖园进行了大规模修缮，现有面积2.2万多平方米，园中有园，景外有景，步移景换，兼备岭南建筑与江南园林之特色。园内水木清华，景致幽雅，碧水、绿树、石山、小桥与亭台楼阁交互融合，造型构筑别具匠心，花卉果木葱茏满目，艺术精品俯仰即拾，集建筑、园林、雕刻、诗画、灰雕等艺术于一体，凸显出我国古园林"雄、奇、险、幽、秀"的特点。其主要景点有船厅、碧溪草堂、澄漪亭、六角亭、惜阴书屋、竹苑、斗洞、笔生花馆、归寄庐、小蓬瀛、红蕖书屋、凤来峰、读云轩、沐英涧、留芬阁等。

6.1 认识人文景观

6.1.1 人文景观的内涵

人文景观是人类长期从事劳动实践和创造的结果，是整个人类生产、生活活动的艺术成就和文化结晶，是人类对自身发展过程科学的、历史的、艺术的概括。一个国家或一个地区独具特色的民族状况、历史发展、文化艺术、物质文明等都可以构成人文景观。

云南——茶马古道

6.1.2 人文景观的特征

1. 历史性

所有人文景观都是人类历史发展的产物。因此，其内容、形式、结构、格调等，都有着显著的历史时代的烙印。例如，长城反映了历史上我国各民族联合御外的战略防御思想等。

单元6 人文景观审美

2. 人文性及构景的独特性

人文景观是人类文明发展的部分表现，各地的文物遗存、宫殿寺院等，都是各个历史时期人工建筑和造型艺术的反映。古代建筑，大多依山傍水，巧妙地利用了自然条件并加以艺术修饰。这就是说人文景观构景特征以自然景观为基础，在此基础上又发挥了人的智慧，突出人工建筑造型。

3. 民族性

人文景观是由具体的民族或由多民族联合创造的，因此必然在风格特点和造型色调上反映了某一个或某几个民族的特色和意志。

4. 地方性

人文景观受各地自然条件、民族和风俗习惯的制约，因地制宜，独具特色。在古代，由于科学技术水平较低，这方面表现更为突出。

5. 科学性

人文景观之所以能够长期保存供人欣赏，是因为它们在一定程度上合乎科学性。主要表现在两方面：一是与地域性或地带性相和谐，这样便于因地制宜、就地取材；二是与建筑工程和造型原理上的合理性与艺术性的结合。

6. 实物感和建筑特色

人们在建造中，突出人的艺术创造，充分地表现各种事物，其中民族和宗教风格尤多表现。

7. 隐性特点

某些人文景观具有不同程度的隐性特点，如碑刻、石窟艺术、楹联等，对其中寓意深刻、意境深远、画龙点睛、凝练深化的部分，导游人员要能够正确理解并恰当表述出来。

6.1.3 人文景观的分类

人文景观的形成原因和过程的不同，决定了它们在内容、形式、特色及导游讲解方法上的差异。同时，各种人文景观均受到其形成时代和当时的自然环境、生产和生活方式的深刻影响。因此，人文景观内容非常丰富，种类也异常繁杂。

1. 游览鉴赏型

以著名的古代建筑及园林、精湛的艺术作品等为主，使旅游者从中能获得高度的美感享受，以陶冶性情。

导游人员要对古建筑建造背景、重要构件、建筑风格及所折射的文化等知识有相当的了解，并能恰如其分地使用一些相关的历史典故、传说故事等把古代建筑讲活，给旅游者留下深刻的印象。

2. 知识型

以文物古迹、博物展览、科学技术等为主，让旅游者从中了解到自然和社会的历史演变、科学技术的发展；能丰富知识，开阔眼界，增长阅历。

要求导游人员要学会梳理历史，特别注意把握景点所属时期的历史知识，并能在讲解过程中比较、展开、联想，以期取得较好的导游效果。

3. 体验型

以民风民俗、风味饮食、节庆活动、宗教仪式、购物消遣、家庭访问为主。旅游者往往置身其中，参与活动并与当地居民进行接触，得到切身的体验，满足交流感情、猎奇寻源的需要。

导游人员要充分把握旅游者的这种心理，引导旅游者去参与、去感受，利用富有情感的语言和美的表情，感召旅游者。

4. 康乐型

以文体活动、主题公园、康复保健等为主。旅游者从中增进身心健康，寻求欢乐。导游人员要让旅游者充分参与这些活动，但要注意采取各种措施保障旅游者的安全。

6.2 了解人文景观的审美特性

1. 旅游人文景观的实用和审美协同

人文景观可分为两大类，一类是有形的，如景观、建筑等；另一类是无形的，如传说、逸事等。人文景观是实用性与美观性的统一，具有真与美的统一。我们的祖先经历了严寒酷暑，后来逐渐有了房屋建筑。最初的建筑是以实用为目的，后来在发展中不断注入了美学的含义。秦汉时期后,筑亭主要是休息和迎接客人,后来人们开始关注与环境的和谐。风景秀丽的景观配着观赏亭,也具备实用功能。能够体现出建筑艺术精华的代表是宫殿,宫殿是权力的象征,是最高统治者的化身,是实用主义与美观主义相结合的代表。佛教从印度传入中国,塔已逐渐成为我国一个新的建设代表。佛教传入中国,功利和审美形态等外在的内容都得到充分发展。东汉末年,楼台亭榭是古建筑中最常见的形式,后来产生的密檐塔、墓塔、金刚宝座塔等,在使用中的发展变化很大。

2. 旅游人文景观的历史价值美特征

历史是永恒的,它塑造着时间和空间的厚重,如果建筑没有历史、没有文化、没有人性化的特点,那么这些人文景观都是苍白的。在人文景观的塑造中,最吸引人的是立体的显示,即特色文化的表现。有相当多的旅游人文景观展示出了人文景观历史的遗迹,其文化特征的积累体现在文化历史的进程中,有其独特的形式和内容,无论从哪个方面看,都有其历史价值。通过物质文明和精神文明的隧道,启示着现在和未来。人们去参观人文景观,是为体会一段历史,会产生评价和审美行为。如人们去游览泰山,不仅是怀着对其自然形态的热爱,还是带着对历史和文化环境等人文精神的钦佩。参观长城,举目远望,群山长城,如舞龙般气势磅礴,让人看到的不只是绵延的高墙,还有对秦始皇一统天下的英雄气概的折服,御敌于国门之外的智慧和才华。这是一个与历史相关的画卷,展示着历史的痕迹,长城是历史的见证。而走进故宫,旅游者仿佛看到了末代皇帝坐在宫殿庭院。这些人文景观的意义不仅是给人以赏心悦目的感觉,更是告诉我们历史内涵的厚重。旅游人文景观营造了浓厚的历史和文化氛围,给我们一场盛大的精神盛宴。这种历史价值已经远远超过了人文景观本身的外部结构和布局,因此在审美中要肯定其历史价值,表明对美的认可。

3. 旅游人文景观的深层文化底蕴

园林建筑的美学价值,是指旅游者可以在有限的时间内通过建筑得到一种时间和空间的"跨越"。例如,人们在游览岳阳楼时就能够体会到深刻的历史观点,爱国情怀油然而生。这就是一个生动的例子。中国人有着深厚的爱国主义情感,千百年来积累并显示出强大的凝聚力,充分体现在旅游景观方面。如数百年来,爱国人士前往西湖,去祭奠抗金英雄岳飞,这些历史遗迹是社会审美理想的表达,同时也受到民族情感和传统留下的人文景观的影响,具有独特的审美价值。

4. 旅游人文景观的独特意境美

关于意境的说明,观点各不相同,难以全面解释。大多数学者认为从多维角度,把境界分为实用、伦理、政治、学术、宗教和艺术六类。我们所说的境界是指艺术美,人们独特的人文景观意境,往往与道德、自然和宗教三者联系在一起,它们是无形的,表达了物质和精神世界的丰盈,从有限到无限,从虚拟到现实,可最大限度地体现人与自然的和谐相处,使用无限丰富的图像组合,真实地再现场景。人文景观变化从一个地方到另一个地方,有着不同的意境。如游览故宫时感受到的是厚重的历史,红色的宫墙、金黄色的琉璃瓦显示出庄严、肃穆的气氛,足以引起人们的理性思考。

5. 旅游人文景观的社会美与艺术美的融合

代表性的建筑往往集中了社会历史文化和艺术的精华,是社会美和艺术美的融合统一。建筑结构的变化错落有致,反映了节奏和韵律。建筑物可以与周围的环境互为补充,相得益彰。在这一方面,西方人着眼于建设独特的、固定的生活环境,中国人则着眼于建立一个能适应现实空间的自然条件。利用自然之趣,通过概括和提炼,借助声、影、光、香、色的不同感觉,创造各种理想的"意境"。

6.3 园林景观与审美鉴赏

中国园林艺术并不以建造房屋为目的,而是将大自然的风景素材,通过概括与提炼,使之再现,供人观赏,力求具有真山真水之妙,创造人与自然和谐相处的艺术,并表达了中国传统文化中的经典美学思想。

6.3.1 皇家园林构景与布局欣赏

皇家园林属于皇帝和皇室私有,主要集中分布在古都北京和黄河中下游的西安、洛阳、开封等地,主要原因与北方长期是我国的政治、文化中心有关。突出特点是规模较大、气势恢宏,布局比较严整,分区明确,园中有园,建筑物的色彩浓重、富丽,色调以红、黄为主,建筑物与环境协调。同时,风格粗犷、多野趣,各种建筑厚重有余,轻灵、委婉不足,用一个字概括,即"雄"。

中国古典园林的组成要素与造园艺术

北方的皇家园林在建筑结构上较为敦实、厚重、封闭,有着抵御寒风和风沙之功能;建筑色彩比较富丽且以鲜艳之色为主,给严寒的北方以暖意。典型代表有北京圆明园和颐和

单元6 人文景观审美

园、河北承德避暑山庄等。

颐和园在北京西北部海淀区境内,是我国保存最完整、最大的皇家园林,也是世界上著名的游览胜地之一,属于第一批全国重点文物保护单位。

北京颐和园平面图

颐和园中的建筑金碧辉煌,精美别致,如万寿山佛香阁巍峨耸立,高达41米,是全国现存最高的楼阁,周围建筑对称分布其间,形成众星捧月之势,气派相当宏伟;红色木框门窗,配以黄琉璃瓦绿剪边的攒尖顶,光彩夺目。

6.3 园林景观与审美鉴赏

万寿山

　　山前湖岸的木构长廊全长728米，是中国园林中最长的游廊。廊内绘有花卉、人物、故事画八千多幅，堪称"艺术画廊"，1990年被收入英国《吉尼斯世界大全》。

木构长廊

　　园内昆明湖东的十七孔桥，长150米，宽8米，是北京古桥中最大的一座。如此宏大壮观的规模、灿烂多彩的建筑也只能在皇家园林中见到。

　　被称为"万园之园"的圆明园汇集无数名园胜景，集中国古代造园艺术之精华，建造各种景区达140多处，并有仿瑞士、法国宫殿园林的中西合璧建筑，有"天下奇景，人间天堂"的美称。1860年10月7日，英法联军洗劫了圆明园，并纵火焚毁了圆明园，故址现为圆明园遗址公园。

十七孔桥

6.3.2 私家园林构景与布局欣赏

南方园林又称江南私家园林，与皇家园林风格迥然不同，是私人住宅和花园的结合，面积较小，但布局灵活紧凑，以达到"小中见大"的效果。游览者不管站在何处，看到的都是一幅完美的图画；建筑精巧秀丽，色调素雅，一般是灰色屋瓦，白色墙壁，褐色的门窗，不施彩绘，常有精致的砖木雕刻作装饰，显得朴素清雅，玲珑精致；有独特的叠石造山手法，园林中往往用奇形怪状的石头堆叠众多假山，给人峰峦回抱、洞壑幽深的感觉；富有江南水乡特色，"以水取胜"，明媚秀丽。

江南私家园林遍布于苏州、扬州、杭州、上海、南京、无锡等地，但最负盛名的是苏州园林，有"江南园林甲天下，苏州园林甲江南"的美誉。至清末，苏州有记载可查的大小园林有200多座，因而被称为"园林之城"。其中，沧浪亭、狮子林、拙政园、留园合称为"苏州四大名园"。狮子林以假山著称于世，体现了江南园林叠石造山的美妙技巧。假山上有许多洞壑，曲折盘旋，各洞之间有不同的景象，山顶高峰林立，形状如狮兽。整个假山用太湖石叠成，外观雄浑壮阔，内部玲珑剔透，令人惊叹。江南园林堆叠假山多用太湖石，太湖石上有许多孔穴和皱纹，圆润秀雅，非常好看。

狮子林

留园的冠云峰、瑞云峰和上海豫园的玉玲珑并称"江南三大名峰",用的都是太湖石。被称为"苏州各园之冠"的拙政园可让人品味江南水乡的意境。全园以水景为主,利用桥、堤、岛、廊划分水面,使水面曲折变化又多层次;各种建筑物大多临水而建,造型轻盈活泼、四面透空,尽收周围景色,一切又倒映水中,更具烟水弥漫之趣。

冠云峰

瑞云峰

玉玲珑

拙政园

6.4 建筑景观与审美鉴赏

中国传统的建筑以木构架结构为主,即采用木柱与木梁构成房屋的骨架,屋顶的全部重量通过椽、檩、梁传到立柱,再通过立柱传到地面。墙在房屋的构架中不承担主要重量,只起分割空间和保护作用,也就是承重结构与围护结构分离。

6.4.1 建筑结构及欣赏

1. 穿斗式

穿斗式构架以柱直接承檩,没有梁,原作穿兜架,后简化为"穿斗架"。穿斗式构架以柱承檩的做法,可能和早期的纵架有一定渊源关系,已有悠久的历史。在汉代画像石中就可以看到汉代穿斗式构架房屋的形象。

穿斗式架构

古代建筑屋顶

2. 抬梁式

中国古代建筑木构架的主要形式。这种构架的特点是在柱顶或柱网上的水平铺作层上,沿房屋进深方向架数层叠架的梁,梁逐层缩短,层间垫短柱或木块,最上层梁中间立小柱或三角撑,形成三角形屋架。相邻屋架间,在各层梁的两端和最上层梁中间小柱上架檩,檩间架椽,构成双坡顶房屋的空间骨架。房屋的屋面重量通过椽、檩、梁、柱传到基础(有铺作时,通过它传到柱上)。

目前,所见最早的图像是四川成都出土东汉庭院画像砖。唐代它已发展成熟,并出现了以山西五台佛光寺大殿和山西平顺天台庵正殿为代表的殿堂型和厅堂型两种类型。

抬梁式架构

3. 井干式

井干式是中国传统民居木结构建筑的主要类型之一，这种结构以圆木或矩形、六角形木料平行向上层层叠置，在转角处木料端部交叉咬合，形成房屋四壁，形如古代井上的木围栏，再在左右两侧壁上立矮柱承脊檩构成房屋。

中国商代墓椁中已应用井干式结构，汉墓仍有应用。所见最早的井干式房屋的形象和文献都属汉代。

云南南华井干式结构民居

6.4.2 建筑装饰及欣赏

1. 屋顶

屋顶除了有排泄雨水、遮蔽烈日、收纳阳光、改善通风等功能作用外，还有很好的装饰效果。

屋顶装饰

2. 琉璃瓦

琉璃瓦是一种在陶器的内胎上经烧制后的一种半透明彩釉的建筑材料，坚固而美观，颜色以黄、绿、蓝三色居多，还有褐、翡翠、紫、红、白、黑等。黄色最高贵，只用于皇宫、坛庙等重要建筑上，例如，北京故宫琉璃贴面花饰、琉璃制的走兽。

北京故宫琉璃贴面花饰、琉璃制的走兽

3. 色彩

白墙红柱、红墙黄瓦、白墙灰瓦彩绘有实用和美化两方面的作用，最初是为了木结构防腐的实际需要，涂以桐油或矿物颜料，加以保护，后与审美结合，描成各式彩绘图案，既起到装饰作用，又代表一定的等级。

北京故宫外墙

大理古城建筑

4. 雕刻

建筑物上的雕塑包括刻在柱子、梁枋、台基、窗棂上的飞禽走兽、人物故事、花鸟鱼虫等。

建筑物里面或前后的雕塑包括宫殿前的日晷、嘉量；宫门前的华表、铜狮；陵墓前的神道、石刻；园林中的漏窗、小品；庙宇中的壁画、幡幢等。

宫殿前的日晷

宫殿前的嘉量

故宫门前的铜狮

6.5 雕塑景观与审美鉴赏

6.5.1 雕塑的形式

雕塑是种造型艺术，是雕刻与塑造两种制作方法的统称。雕，是将木、石、竹、金属等材料，通过刻凿等方式剔除多余部分，即用减法，创造出立体的形象；塑，是用可塑性强的材料（如泥等），通过以添加为主的方式，即用加法，营造出有体积感的空间形象。

雕塑通常分为圆雕、浮雕和镂空雕。按雕塑的社会功能可分为架上雕塑、纪念碑雕塑、园林雕塑、建筑雕塑、城市雕塑及环境雕塑；按艺术家创作思想和创作方法可分为写实雕塑、抽象雕塑、活动雕塑、软雕塑；按制作方法和材料可分为石雕、木雕、泥雕和冰雕。

圆雕

浮雕

6.5.2 中国著名雕塑景观

1. 秦始皇陵兵马俑

秦始皇陵建于公元前246—前208年，现存墓封土高40米。陵园布局仿秦都咸阳，分内外两城，内城周长约2.5公里，外城周长约6.3公里。兵马俑坑位于秦始皇陵东侧，是秦陵的大型陪葬坑，1974年被发现。现已挖掘四个坑，面积共2.5万余平方米。坑内丛葬大量与真人真马等同大小的陶制彩绘兵马俑和当时实战使用的各种兵器。目前已出土文物达万件之多。1987年被列入《世界文化遗产名录》。

秦始皇陵兵马俑在整体的动静和谐统一中，蕴含着无穷的威力，流露出艺术设计者对秦王军威的仰慕和崇敬。作为雕塑个体，形象的具体化，尤其是面部个性化的特点增加了军阵的勃勃生气。秦始皇兵马俑坑所展示的军队阵容完全是按照当时秦军的实况设计的。秦俑、陶马、战车均是按照实物大小制作而成。采用了写实的刻画方式，带有明显的肖像性。陶俑一般身高为一米八左右，其中最高者过两米。陶马身长2米，高1.7米，与真马大小相等，比例准确，形象如生。

兵马俑中人物外形、官职、性格特征，精神面貌都不同。又以人俑头部刻画最为精致，有的眉宇凝聚，有的端庄肃穆，有的面庞清秀，有的含笑，有的带着皱纹，有的老成持重。兵马俑的传神不仅如此，除去了体现在人物刻画上的夸张跟提炼外，就连陶马的四肢跟腹部都采用了大写的夸张手法，棱角分明、臀部浑圆，极具张力。

兵马俑集圆雕、浮雕、线雕于一身，是塑、堆、捏、贴、刻、画等技法的统一结合体，例如，刻画入微的铠甲，精致细腻的五官皱纹，简洁的衣纹，简单的躯体。简洁之余有丰富，朴拙里有精致。在整体和个体的统一变化的和谐中，完成了巨大的艺术构想，既体现了统治者的所要的军威，又表现了普通人的活力。

秦始皇陵兵马俑

2. 石浮雕"昭陵六骏"

昭陵是唐太宗李世民的陵墓，位于陕西省礼泉县。昭陵的6匹骏马分别是白蹄乌、特勒骠、飒露紫、青骓、什伐赤、拳毛䯄，每块石刻宽约2米、高约1.7米。昭陵六骏造型优美，雕刻线条流畅，刀工精细、圆润，是珍贵的古代石刻艺术珍品。

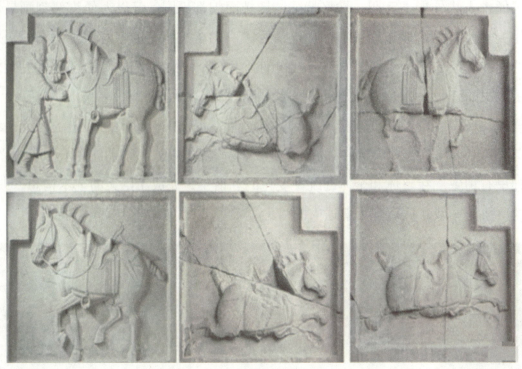

昭陵六骏

3. 主要佛教雕塑

1）卢舍那大佛

卢舍那大佛，位于洛阳龙门西山南部山腰，作于唐高宗咸亨三年（公元672年）。卢舍那大佛是根据武则天的容貌仪态雕刻的佛像，更是龙门石窟中艺术水平最高、整体设计最严密、规模最大的一座造像，以神秘微笑著称，被国外旅游者誉为"东方蒙娜丽莎""世界最美雕像"。

卢舍那大佛

主像卢舍那大佛通高 17.14 米，头部高 4 米，发髻呈波纹状，面部丰满圆润，眉如弯月，目光慈祥，眼睛半睁半合，俯视着脚下的芸芸众生，嘴边微露笑意，显出内心的平和与安宁。他的表情含蓄而神秘，严肃中带有慈祥，慈祥中透着威严，威严中又有着一种神圣与威武，是一个将神性和人性完美结合的典范。大佛端坐于八角束腰莲花座上，身披袈裟，衣纹简洁清晰而流畅，背光华美而富于装饰性，烘托出主像的严整圆润。

大佛依山而坐，居高临下，前来瞻仰的人们需登到半山腰才可见到它，这便增添了人们的崇敬之感。卢舍那大佛至今上半身保存完好，下半身虽然手足有些残破，但其整体所显示的当时佛雕的高超技艺仍令人叹服。

2）云冈石窟大佛

云冈石窟大佛位于山西省大同市，露天大佛是第五窟三世佛的中央坐像（民间俗称云冈大佛），高达 17 米。大耳垂肩，是云冈的标志佛像；形态端庄，是中国文化传统的表现手法。但其脸部形象——额宽、鼻高、眼大而唇薄，却具有外域佛教文化的某些特征。这些佛像在中国传统雕刻艺术的基础上，吸取、融汇了犍陀罗艺术及波斯艺术的精华，是中国古代劳动人民创造性劳动的智慧结晶，也是他们与其他国家友好往来的历史见证。

云冈石窟大佛

3）莫高窟彩塑大佛

莫高窟彩塑大佛俗称千佛洞，坐落在河西走廊西端的敦煌。它始建于前秦宣昭帝苻坚时期，后历经北朝、隋代、唐代、五代十国、西夏、元代等历代的兴建，形成了巨大的规模，有洞窟735个，壁画4.5万平方米，泥质彩塑2415尊，是世界上现存规模最大、内容最丰富的佛教艺术地。

莫高窟与河南洛阳龙门石窟、山西大同云冈石窟并称中国三大石窟，后加麦积山石窟称四大石窟。

敦煌石窟壁画中的人物画、山水画、动物画、装饰图案画都有千年历史，自成体系，数量众多，都可成为独立的人物画史、山水画史、动物画史、装饰图案画史。特别是保存了中国宋代以前，即10世纪以前丰富的人物画、山水画、动物画等——这是世界各国博物馆藏品所未见的。

敦煌壁画中有音乐题材洞窟达200多个，绘有众多乐队、乐伎及乐器，据统计，不同类型乐队有500多组，吹、打、拉、弹各类乐器40余种。敦煌藏经洞文献中也有曲谱和其他音乐资料。丰富的音乐图像数据，展现了近千年连续不断的中国音乐文化发展变化的面貌，为研究中国音乐史、中西方音乐交流提供了珍贵资料。

敦煌石窟大多数洞窟的壁画中大多有舞蹈形象。有反映人间社会生活、风俗习尚的舞乐场面和舞蹈形象，如西域乐舞、民间宴饮和嫁娶舞乐；有反映宫廷和贵族燕乐歌舞的欢乐场景；有天宫仙界的舞蹈形象，如飞天的舞蹈形象、供养伎乐等，还有藏经洞保存的舞谱及相关资料。舞蹈艺术是无法保留的时空艺术，古代的舞蹈形象，现代人已知之甚少，就敦煌石窟舞蹈形象的珍藏而言，堪称舞蹈艺术的博物馆，保存了无数高超的舞蹈技巧和完美的舞蹈艺术形象，代表了各时代舞蹈发展的面貌及其发展历程。

敦煌石窟艺术中有十分丰富的建筑史资料。敦煌壁画描绘了自十六国至西夏的成千成万座不同类型的建筑，有佛寺、城垣、宫殿、阙、草庵、穹庐、帐、帷、客栈、酒店、屠房、烽火台、桥梁、监狱、坟茔等，这些建筑有以成院落布局的组群建筑，有单体建筑。壁画中还留下了丰富的建筑部件和装饰，如斗拱、柱坊、门窗及建筑施工图等。长达千年的建筑形象资料，展示了一部中国建筑史。可贵的是，敦煌建筑资料的精华，反映了北朝至隋唐四百年间建筑的面貌，填补了南北朝至盛唐建筑资料缺乏的空白。此外，不同时期，不同形制的800余座洞窟建筑，五座唐宋木构窟檐，以及石窟寺的舍利塔群，都是古代留存至今的宝贵建筑实物资料。

莫高窟彩塑大佛

人文景观对旅游者形成文化吸引，为旅游者在文化旅游过程中使用和消费并促使文化旅游感受形成的各类要素，是人类历史与文化的结晶，是民族风貌与特色的集中反映。旅游文化与旅游和旅游业有着密不可分的关系，尤其是在自然风景区，准确把握地方特色、民族特色和现代旅游者的精神需求，并在此基础上进行别具匠心的创意和策划，在原有的实物展览的基础上，把历史题材与现代科技手段结合起来，把文物静态展示与文化风俗动态表演结合起来，挖掘地方历史文化和民族传统文化的深厚底蕴，会大大提高其文化品位，加速旅游业的发展。

人文景观最大的特点是具有历史性、时代性及文化内涵的丰富性。在人类发展进步的漫长历史中，各个阶段的政治、经济、文化教育发展水平都在人文旅游资源中得以体现。加强人文旅游景观的开发会对整体旅游产品结构的优化和升级，对促进旅游业的进一步发展具有重大意义。

思考与练习

一、填空题

1. 中国古建筑的形式主要有_____、_____、_____、_____等。
2. _____结构是中国古建筑的最大特征之一。
3. 木构架屋顶的造型有_____、_____、_____、_____等形式。
4. 中国宫殿、庙宇和寺院建筑基本上采用_____的布局。
5. 古人把园林中的水比作园林的_____。
6. 中国园林可分为两类：_____、_____。

二、单项选择题

1. 在中国书法史上，狂草的代表人物是（　　）。
    A. 颜真卿　　　　B. 欧阳询　　　　C. 怀素　　　　D. 王羲之
2. 关中十八陵中最有代表性和迄今保存最好的一座陵墓是（　　）。
    A. 秦陵　　　　　B. 昭陵　　　　　C. 乾陵　　　　D. 明十三陵
3. 中国古典园林在配植花木时，十分注重与周围环境的谐调。例如，牡丹富贵娇艳，宜配（　　）。
    A. 峭壁奇峰　　　B. 疏篱修竹　　　C. 雕栏玉砌　　D. 茅舍清斋

三、多项选择题

假山叠石的审美标准是（　　）
A. 丑　　　　　　B. 作假为真　　　C. 瘦、透、漏、皱
D. 象形　　　　　E. 美

四、简答题

1. 简述中国古建筑的主要类别及其审美特征。
2. 我们在旅游时，经常需要欣赏建筑景观。你认为该把握住哪些主要的审美特征？

单元 7

中国民俗文化与审美

案例1

一个少数民族团体入住了一家酒店，团体中美丽的少女们各自戴着很漂亮的鸡冠帽。有个酒店男员工与之熟络后，出于好奇，用手摸了一下一位少女的帽子，结果传到了族长那里，族长以为男员工爱上了那位少女，便要求其向她求婚。后经酒店领导出面调解，二人以兄妹相称。

案例2

国内某家专门接待外国旅游者的旅行社，有一次准备在接待来华的意大利旅游者时送每人一件小礼品。于是，该旅行社特意从杭州订购制作了一批纯丝手帕，每个手帕上绣着菊花图案，十分美观大方。中国丝织品闻名于世，一定会受到客人的喜欢。

旅游接待人员带着盒装的纯丝手帕，到机场迎接来自意大利的旅游者。在车上，他代表旅行社赠送给每位旅游者两盒包装精美的手帕，作为礼品。没想到车上一片哗然，议论纷纷，旅游者显出很不高兴的样子。特别是一位夫人，大声叫喊，表现得极为气愤，还有些伤感。旅游接待人员心慌了，好心好意送人家礼物，不但得不到感谢，还出现这般景象。中国人总以为送礼人不怪，这些外国人为什么怪起来了？

分析：

上述两个案例出现尴尬局面的原因是什么？

7.1 了解中国民俗文化

7.1.1 中国民俗文化的特质

每一种文化都有其独特的精神气质。中国传统文化是由多种因素共同促成的，如地理环境、农业文明、宗法制度等因素，而且它们之间相互影响、彼此渗透，共同成为文化创生的土壤，塑造了中国传统文化独特的精神气质。

1. 民族性

中国是一个统一的多民族国家，民族性的特征一方面体现在同一类民俗文化在不同民族中，可以产生不同的民族表现形式。例如，不同的民族对于舞蹈的表达方式各有差别，甚至风格迥异：傣族的舞蹈如水般柔美、多情，表现出温柔、质朴的民族性格；佤族的舞蹈像火一样猛烈、热情，传达出粗犷、强悍的民族特质。另一方面体现在不同的民族由于各自的历史、地理、经济和文化等方面的差异，各有区别于其他民族的独特民俗。例如，纳西族保留"阿夏走婚"的习俗。

2. 地方性

"一方水土养育一方人""千里不同风，百里不同俗"，这种特征也可称为地理特征或乡土特征。例如，同样是建筑，北方民族为躲避风寒发明了窑洞，南方民族为改善潮湿发明了通风的干栏式建筑。

3. 集体性

作为一种社会文化现象，民俗同其他文化现象一样，不是个人的行为，而是集体行为的结果。它是民俗在产生、传承过程中所呈现出的，为广大民间社会所共同接受的基本特征。

4. 传承性

传承作为民俗得以延续的一种手段，在民俗的形成和发展中，起着承上启下的中介作用。例如，桃符，自宋代为春联所取代至今，其吉祥喜庆的内容及其用红纸书写的形式，至今都没有改变。

5. 变异性

变异性是指民俗事项在流传过程中，由于受社会、政治、生活等因素的影响而产生的内容和形式上的变化。民俗的变化，通常是民俗自身调适的结果，这种变化比较缓慢，也相对平稳，不会因激变而引发大规模的波动。

6. 神秘性

民俗神秘性的主要表现有两方面：一方面，人们在进行某些民俗行为时，带有一种神秘的心理，如巫术信仰、图腾崇拜等；另一方面，有些民俗活动本身也表现出一种神秘气氛，如许多禁忌民俗。民俗的神秘性与愚昧性、原始性、封建性密切相关，它们之间互相联系，互相影响，在人们的心灵中形成一股强固的势力，一时很难打破。

7.1.2 中国民俗文化的分类

中国民俗涉及的内容很多，它所研究的领域至今仍在不断拓展，就今日民俗学界公认的范畴而言，民俗包括生产劳动民俗、日常生活民俗、社会组织民俗、岁时节日民俗、人生仪礼、游艺民俗、民间观念、民间文学等。从社会学的角度，民俗可分为四大类型：物质民俗，包括生产、商贸、饮食、服饰、居住、交通、医药保健民俗等；社会民俗，包括社会组织民俗、社会制度民俗、岁末节日民俗及民间娱乐民俗等；精神民俗，包括民间信仰、民间巫术、民间哲学伦理观念及民间艺术等；语言民俗，包括民俗语言、民间文学等。

7.2 服饰民俗与审美

日常生活衣食住行是缺一不可的。从广义上说，"衣"是服饰的总称，服饰主要由服装与饰物两部分组成，即一部分是由上衣、裤、裙、帽、鞋、袜等组成的服装；另一部分是由人体的头、手、足、颈、胸等部位所佩戴、刻绘和装饰的各种饰物组成；而狭义的服饰仅指服装。

早在古代中国，服饰就是人的身份的标志。过去"官有官服，民有民衣"，各种身份、职业的服饰差别很大。人们可从官员所着的官服，判断出他是文官还是武官，而且知道他属于哪一品官。例如，在清朝，皇帝以下的文武百官，均以九个等级来划分，即"九品"。文官的服饰全以鸟为图案：鹤代一品，锦鸡表二品，孔雀显三品，鸳鸯示四品，白鹇为五品，鹭鸶是六品，鸂鶒指七品，鹌鹑系八品，蓝雀属九品。武官的服饰则以兽为图案：一品有麒麟，二品现狮子，三品出豹，四品藏虎，五品隐熊，六品配彪，七品、八品为犀牛，九品生海马。后来简化为：一至三品绣九蟒五爪，四至六品绣八蟒五爪，其余三品绣五蟒四爪。

清乾隆御制镶珠黄缎十二章纹龙袍

清蓝缎刺绣龙袍

清乾隆蓝色缎绣彩云金龙夹朝袍

一品文官仙鹤补服

二品文官锦鸡补服

三品文官孔雀补服

7.2 服饰民俗与审美

一品武职麒麟补服

二品武职狮子补服

三品武职豹补服

四品文官鸳鸯补服

四品武职虎补服

五品文官白鹇补服

五品武职熊罴补服

六品文官鹭鸶补服

六品武职彪补服

七品文官鸂鶒补服　　　　七、八品武职犀牛补服　　　　八品文官鹌鹑补服

九品武职海马补服　　　　　　　　　九品文官蓝雀补服

每个民族的服饰都自成体系，它们在形制、色彩、配饰、质料及工艺等方面所形成的独特的形式和内容，都和每个民族的生产活动和生活方式紧密相连，体现了不同民族别具特色的民俗传统。

汉民族的服饰民俗更是丰富多彩，新生婴儿常给穿"百家衣"，也就是用邻里乡亲提供的碎布头制作的衣服，据说这样可以保佑自家新生婴儿健康成长、福寿两全……

布依族妇女的服装特色是在头上包裹着尖角往左右延伸的帕子，大多为青底花格布、紫青色布或白布，形似两只水牛角，俗称"牛角帕"。使用这一特殊形制主要是因为在布依族的民俗中，牛是圣物，与该民族的牛图腾崇拜有关。

彝族流行虎崇拜及葫芦崇拜，所以过去彝族祭司举行丧葬和祭祖时要披虎皮，虎皮披风常作为首领的礼服，另外，彝族服装常常装饰有虎皮纹样。

布依族服装特色——牛角帕

苗族中流行过蝴蝶崇拜，人们至今还可以在苗族服饰中见到蝴蝶刺绣图案。

彝族服装特色

苗族服装

在服饰民俗中，除日常服饰外，还有特殊的服饰，即婚服与丧服。婚服为结婚的新人在喜庆佳期所穿的服装（主要是新娘的服装），它服从于婚俗的要求，具有更广阔的民俗意义。丧服，一是服丧送葬人的服装；一是死者的寿衣。前者为孝服，后者为寿服。孝服有近亲、远亲及一般邻舍朋友之分，有重孝和轻孝之分。有帽衫俱全的全孝服，有帽无衫的半孝服。孝帽，姑娘与媳妇也有不同，孝带的长短、挂左还是挂右，也有讲究。白布包鞋，有全包的，有后跟有一段红的，有只包鞋尖一段的。丧服中的五服，以亲族关系的近疏而定。寿服也有男女长幼之分，北方无论死者死于暑夏还是严冬，寿服都是棉衣，以便使死者能在阴司过冬。一般在人生的两个重要时刻，都要里外换新，一是结婚，一是临终。穷者也要设法做到这一点。

7.3 饮食民俗与审美

陶器、青铜器的出现，推动了炊具、食具、酒具的进步，并进一步推动了中国饮食文化的发展。随着生产力水平的提高，烹饪技术的进步，人们对食品味道的调制也越来越重视。

中华人民共和国成立后，随着人们生活的逐步改善，饮食民俗继续向前发展，中国烹饪技术在经过几千年来长期发展的基础上，现已形成了苏菜（江苏菜）、湘菜（湖南菜）、鲁菜

（山东菜）、浙菜（浙江菜）、闽菜（福建菜）、徽菜（安徽菜）、川菜（四川菜）、粤菜（广东菜）八大菜系。各民族、各地区也都形成了独具特色的饮食民俗，成为社会文化的一种重要组成部分。

饮食民俗有很大的稳定性，有些食俗传承下来后很难改变，如生活食制中的一日三餐，礼仪食俗中的端午节吃粽子、中秋节吃月饼等，相沿至今仍继续流传着。在饮食风俗中，有一些习俗体现了我国人民尊老爱幼的优良传统。

7.4 居住民俗与审美

北京的三合院、四合院，造型独特，许多院落至今还保留了历史上各代汉人的住房建筑风格，是北方汉族民族的典型代表。尽管民居的选址千变万化，但要求通风、采光及居住合理是一致的。

坐落在黄土高原上的窑洞，是汉族居住民俗的又一道风景线。自古以来，穴居就是我国北方干旱寒冷地区的一种居住方式。黄土高原的窑洞有三种类型：①靠崖窑，始于原始社会依靠陡崖土壁挖掘出的横向水平穴。②地坑窑院，也叫天井窑院，先挖一个或几个长方形或丁字形深坑，然后在坑的垂直面上开凿窑洞。③锢窑窑院，指在地面上用砖石土坯等材料建造一层或二层的拱券式房屋，称为锢窑，用数座锢窑构成院落称为锢窑窑院。这种开凿而成的穴居建筑在选址中，特别有讲究。首先，必须坐西北朝东南，躲开正北南子午线，据说是为了避邪。其次，土质的选择也极为关键，黄土生成的历史越久远，土质就越坚硬，越有利于窑洞建筑。

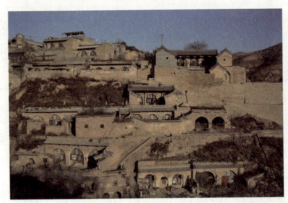 

靠崖窑

地坑窑院

江南水乡的南方汉族民居多用砖木砌成,或以茅草、竹子盖成。这是由于天热多雨,地面潮湿,同时也由于当地竹、木资源丰富。山区住吊脚楼的居多,多为木质或竹质,上面住人,下边养牲畜。

南方民居

我国各族人民居住习惯各有不同。有的民族长期没有定居。例如,过去蒙古族牧民就长期游动在广阔的大草原上,他们居住的蒙古毡包,以木杆为骨架,罩以羊毛毡顶,周围也是毛毡围墙,根据气候和牧场的变换随时搬迁。居住在大小兴安岭的鄂伦春人过去游动性也很大,他们居住的帐幕式仙人柱,就经常以马为运输工具搬动。仙人柱是用十根五六尺长的木杆搭成圆锥形的架子,上面盖上狍皮、芦苇帘、桦树皮等。三面住人,一面是门,当中有一火堆取暖,上面吊一带耳锅煮肉。屋顶开小孔流通空气。这些圆顶帐式房舍,可称为穹庐式,它是游牧与狩猎经济为主的民族通常居住的形式。西北的哈萨克族、柯尔克孜族牧民也有类似的居住形式。柯尔克孜族称为"勃孜吾"的房舍,便是以红柳作栅栏,呈方格形,围上芨芨草做成的帘子,再覆以毛毡,有天窗和活动毡盖。夏日移居平原沿河流域,冬日则迁到向阳的山谷。

蒙古毡包

南方竹楼，又是一种居住类型。黔东南苗族房屋，有平房和楼房两种。楼房多为吊脚楼，建筑在坡地上，楼下不住人，堆放杂物和牲口。壮族传统住房为高架式楼房，史称"麻栏"。麻栏建筑多用木桩或竹桩做成底架，在底架上建筑住屋，楼上住人，楼下畜养牲畜、堆放杂物。

南方竹楼

广西三江的侗寨也有楼房，全部木结构，有外廊式小楼，也有连幢的大楼，可供若干房共同居住。唯有瑶族的竹楼，乃楼下住人，楼上储粮食杂物，畜厩不在楼内，而在楼后。白族的楼房，以坐西朝东为正向，三间为普遍，布局平均为"三房一照壁""四合五天井"，有院落，人居室和厨房、畜圈分开，人亦住楼下，中间一间为堂屋，接待客人。布朗族的竹楼十分简单，用竹片编成，茅草盖顶。楼上，中央设火塘，火塘边吃饭、待客，四周安置床位。傣家竹楼由十根柱子支撑，铺以楼板竹篾，用编织的草排盖顶，带有栏杆、走廊，美观别致。永宁纳西族的楼房为木质结构，三四幢组成一个院落，中央住人，二三幢客房为男女阿注偶居之所，第四幢是经堂，为念经、休息的处所。德昂族矮脚竹楼分前厅后厅，以竹篱笆隔开，男人住前厅，女人住后厅，前后厅各有火塘。

瑶族竹楼

白族"三房一照壁"

布朗族的竹楼

傣家竹楼

7.5 岁时节日民俗与审美

1. 春节

春节俗称"新年",是中华民族共同的最隆重的传统佳节。自汉武帝太初元年(公元前104年)始,确定夏历(农历)以正月初一为"岁首",因此称为新年。年节的日期由此固定下来,并一直延续两千多年至今。春节一般指除夕和正月初一。但在民间,传统意义上的春节是指从腊月初八的腊祭或腊月二十三或二十四的祭灶,一直到正月十五(元宵节),其中以除夕和正月初一为高潮。在春节期间,我国的汉族和很多少数民族都要举行各种活动以示庆祝。这些活动均以祭祀神佛、祭奠祖先、除旧布新、迎禧接福、祈求丰年为主要内容,活动丰富多彩,带有浓郁的民族特色。

例如，在壮族民间有过晚年的习惯，称作"吃立节"。哈尼族春节有荡秋千的习俗。满族分"红、黄、蓝、白"四旗人，春节时，红旗人在门上贴红挂旗，黄旗人在门上贴黄挂旗，蓝旗人在门上贴蓝挂旗，白旗人在门上贴白挂旗。这些挂旗图案优美，色彩鲜艳，象征着一年的吉祥开端。贵州、湖南一带的侗族同胞，春节期间盛行一种"打侗年"（又叫芦笙会）的群众活动。这种活动类似汉族的"团拜"，只不过比"团拜"显得更加欢乐、热烈。这种活动一般是由两个村庄共同商定举办的。

壮族"三月三"

侗族"打侗年"

2. 元宵节

元宵节又名上元节，指正月十五，即农历新的一年里第一个月圆之意，古代称夜为"宵"，故称"元宵节"，是我国传统节日中的大节。因元宵节的主要节俗活动有施放花炮烟火、张灯、赏灯等，故称"灯节"。此外，还有耍狮子、舞龙灯、猜灯谜、吃元宵等习俗。元宵节张灯习俗起源于汉代，在南北朝时蔚然成风。当时已有油灯、漆灯、燃香、点蜡等，灯明如昼，如有月色，灯月交辉，观灯则更具乐趣。谜语在我国早已流行，秦汉时期已较普遍。宋代开始把谜语贴在花灯上，成为灯谜，让人猜测，增加节日的雅趣。元宵在南方多叫水团、汤团，成为民间重要节日食品与点心，人们认为吃汤团有家人团圆、幸福吉利、新一年圆满顺遂之意。

3. 清明节

清明是我国二十四节气之一，也是传统节日。我国传统的清明节大约始于周代，已有2500多年的历史。清明最开始是一个很重要的节气，清明一到，气温升高，正是春耕春种的大好时节，故有"清明前后，种瓜种豆""植树造林，莫过清明"的农谚。后来，由于清明节与寒食节的日子接近，而寒食节是民间禁火扫墓的日子，渐渐地，寒食节与清明节就合二为一了，而寒食既成为清明的别称，也成为清明时节的一个习俗，清明之日不动烟火，只吃凉的食品。

清明节融合了寒食节、上巳节的风俗，主要有禁火寒食、祭扫坟墓、踏青郊游、荡秋千、放风筝、打马球及插柳等。相传这是因为清明节要寒食禁火，为了防止寒食冷餐伤身，所以大家来参加一些体育活动，以锻炼身体。因此，这个节日中既有祭扫新坟生别死离的悲酸泪，又有踏青游玩的欢笑声，是一个富有特色的节日。扫墓拜祖在先秦已有，秦汉时多在寒食节进行。明清以来扫墓活动增多，不仅扫自己先祖的坟墓，且拜祭历代功臣，皇帝派大臣祭黄帝墓。如今，清明节则为革命烈士扫墓，举行纪念活动。

荡秋千是我国古代清明节习俗。秋千，意即揪着皮绳而迁移。它的历史很古老，约始于春秋时期北方民族，传说汉武帝引进后庭，常作祈祷千秋之寿的祝愿活动，因此，本名千秋，最早叫千秋，后为了避忌讳，改为秋千。古时的秋千多用树桠枝为架，再拴上彩带做成，后来逐步发展为用两根绳索加上踏板的秋千。荡秋千不仅可以增进健康，还可以培养勇敢精神，至今为人们特别是儿童所喜爱。

古代人们在清明节还进行打马球和蹴鞠等活动。鞠是一种皮球，球皮用皮革做成，球内用毛塞紧。蹴鞠，就是用足去踢球。这是古代清明节时人们喜爱的一种游戏。相传是黄帝发明的，最初目的是用来训练武士。

踏青又叫春游，古时叫探春、寻春等。三月清明，春回大地，自然界到处呈现一派生机勃勃的景象，正是郊游的大好时光。我国民间长期保持着清明踏青的习惯。

清明前后，春阳照临，春雨飞洒，种植树苗成活率高，成长快。因此，自古以来，我国就有清明植树的习惯。有人还把清明节叫作"植树节"。植树风俗一直流传至今。1979年，每年的3月12日被确立为我国的植树节。这对动员全国各族人民积极开展绿化祖国活动，有着十分重要的意义。

放风筝也是清明时节人们所喜爱的活动。每逢清明时节，人们不仅白天放，夜间也放。夜里在风筝下或在拉线上挂上一串串彩色的小灯笼，像闪烁的明星，被称为"神灯"。过去，有的人把风筝放上蓝天后，便剪断牵线，任凭清风把它们送往天涯海角，据说这样能除病消灾，给自己带来好运。

4. 端午节

农历五月初五，是夏季最重要的节日。因古代"端"与"初"同义，午与五同音，故称五月初五为端午。此外，端午节还有女儿节、诗人节、天中节、沐兰节、端阳节等名称。端午节的起源历来诸说并存，但端午起源于纪念爱国诗人屈原的说法影响广泛而深远，今之竞渡即源于此。端午节期间，民间有划龙舟、吃粽子、饮雄黄酒、采菖蒲等习俗。

汨罗江每年都会举行竞渡仪式。人们将抬龙舟到屈原庙朝祭，再下水竞渡。竞渡习俗在南方非常普遍。吃粽子起源于古时投五花粽于汨罗江，是为了赶开蛟龙。唐宋以来，粽子是端午节时人们喜吃的节令食品。饮雄黄酒庆贺端午，可以驱毒杀虫，有驱除邪恶之意。雄黄又名鸡冠，是一种矿物，旧多作中药。民间谚语说"饮了雄黄酒，百病都远走"。由于端午节在夏至前后，气温渐高，需要消灭害虫和防治疾病，因此无论南方、北方，人们都有悬白艾的习俗。艾，又名医草、冰台、黄草。人们插艾叶于门旁，以驱除毒气。

5. 中秋节

农历八月十五正是农历秋季正中，故名中秋节，民间俗称八月节，是一个象征团圆的传统佳节，也是我国仅次于春节的第二个大节。中秋节的起源与古代秋祀、拜月习俗有关，主要活动有祭拜月神、赏月、赏桂、观潮和吃月饼等习俗。早在汉晋时民间已有赏月之举，当时人们认为，秋天空气清爽，是赏月的佳节。月饼原为我国南方市民的点心食品，后流传全国。月饼原为祭奉月神的供品，吃月饼有团圆之意，亲友之间还以月饼相赠。

6. 泼水节

傣族的泼水节更与众不同，共进行三天。第一天有堆沙浴佛活动，表示祈求丰收，不泼水。人们盛装集拢江边，看龙舟比赛，优胜者在芒锣和象脚鼓声中狂欢跳舞。第二天最为隆重，是泼水日，上午10点左右开始，男女老少，携盆桶上街，在路边舀水，互相泼洒，表示互相祝福，免除疾病，风调雨顺。晚间举行盛大游艺晚会。第三天是"高升"和"丢包"。"高升"如同北方的起花炮之类，点燃后飞入高空，不过它是许多竹筒装入火药，绑在一根长长的竹竿上，点燃后向高空飞升。"丢包"是男女青年的游艺恋爱活动，姑娘站一边，小伙子站一边，互相丢抛花布缝制的大荷包，嬉笑传情。

傣族泼水节

除此之外，我国还有重阳节（农历九月初九）、腊八节、中元节（农历七月十五）及少数民族的许多节庆。

7.6 人生礼仪民俗与审美

1. 诞生礼仪

诞生礼仪是人生的开端之礼。这种礼仪一般包括婴儿出生前和出生后成长过程的一些礼仪，实际上主要表现在产妇和婴儿两个方面。具体内容包括求子、怀胎、分娩、报喜、命名、满月、抓周及洗礼等仪式。其中，满月、百日较为隆重。"满月"指婴儿出生后满一个月，为孩子做满月酒，是汉族的一种育儿礼仪。做满月时，来祝贺的亲友要携带食物、小儿衣饰等礼物。为庆祝家庭添人进口的大喜事，满月日设宴款待亲朋好友，将婴儿抱给来宾看望，表示答谢意愿。婴儿诞生100天为"百日"，本身含有祝愿孩子长寿的意思，人们又把"百日"视为一个新的起点，对孩子的未来充满了信心。

2. 婚嫁礼仪

"男大当婚，女大当嫁"，婚姻是人生礼仪中的又一大礼。它构成两性共同生活的社会关系，自古以来就是人类社会的重要生活内容。婚姻礼仪作为一种世代相传的文化现象，在演进过程中具有相当的传承性和稳定性。

古代婚嫁以聘婚娶的形式最为普遍，就是男子以聘的程序而娶，女子因聘的程序而嫁。其程序有六，古称"六礼"，即纳采、问名、纳吉、纳征、请期和亲迎。纳采，即男方向女方送彩礼求婚。问名，即男方的媒人问女方的名字、生辰，然后到宗庙占卜吉凶，结果为吉的才能进行下一步，凶的则到此为止。纳吉，就是占卜得到吉兆后定下婚姻。纳征是指男方派人送聘礼到女方家。请期，即请女方确定结婚日期。亲迎，婚礼之日，男方必须亲自去女方家迎接，然后男方先回，在门外迎候。

汉族婚嫁大体经历介绍、相恋、认亲、结婚四个阶段，结婚又叫"迎亲"，等于"六礼"中的"亲迎"，通常是由新郎亲自到女方家迎娶新娘。迎亲的队伍，旧时讲究要用各种仪仗，场面极为热闹隆重。

3. 寿辰礼仪

寿辰俗称"过寿""过生日"。汉族人注重六十大寿和六六大寿。六十大寿要宴请亲朋。66岁生日则要用6两肉、6两面包66个饺子给寿星吃，并邀请亲朋好友喝祝寿酒，一般在家里或在饭店准备丰盛的酒菜招待客人。席间，客人要向寿星敬酒、献歌，分吃生日蛋糕，欢歌笑语，喜气洋洋。

4. 丧葬礼仪

中国历来重视丧葬礼仪，尤其是长辈的丧葬礼仪。早在春秋时期就已经形成了一套完整的丧礼礼仪：从初终到大殓、殡葬、葬后，约有40余项，其中出殡较为隆重。出殡这一天，亲友、邻里汇集丧家，礼送奠仪，以示哀悼。随着社会的发展，现在丧葬礼仪程序得以简化，主要有报丧、吊丧、守灵、出殡。火化三日后，子女要到骨灰存放处祭祀，当地俗称"圆坟"。以后每七日为一祭日，共五七。子女为死者尽孝，三个月内不办喜事，不着艳装。

5. 礼节与禁忌

汉族礼节，路遇熟人时，要握手互致问候。客从外来，全家热情相待，为客人敬烟、沏茶。亲朋邻里逢喜事，要前去庆贺。遇病、灾，要去探望、安慰。汉族禁忌，干活时，忌与人握手。访友，忌在吃饭和午休时间。正月里忌剃头。招待客人的菜肴忌单数。丧宴菜为单数，忌双数。

满族孝敬长辈，重视礼节。路遇长辈，要侧身微躬，垂手致敬，等长辈走过再行。亲友见面，握手互致问候，有的行抱腰见面礼。满族以西为上，室西炕上不得随意坐人和堆杂物。满族忌打狗、杀狗、吃狗肉、戴狗皮帽、铺狗皮褥。

民俗文化是一个民族或一个国家总体文化中的重要组成部分，是人民群众精神生活领域中的一种社会现象，是长期在特定自然的、历史的条件下形成的一种民族精神，真实地反映时代精神和人民生活。美，作为一种文化现象，具有鲜明的民族特点。对美的形态的特殊的感受，是每个民族审美观念的一个重要内涵，每个民族的审美心理特征都会在其日常生活和文学创作、艺术活动中表现出来，并且在该民族的文化习俗、思想观念、意识形态中得到解释和证明。绚丽多彩，作为日常生活中普遍存在的一种审美感受，是对自然景象、社会生活现象和文学艺术创作的赞美之词。既表现了每个民族特殊的美的价值观，也浓缩了该民族的文化价值观和民族文化心理特质，是民族文化历史发展的结果。对美的形态的这种特殊的感受，可以体现在民族艺术的创作风格中，也可以作为日常的风俗习惯、生活时尚、审美情趣甚至宗教信仰，在社会生活的各个方面表现出来。通过欣赏民俗文化作品中的色彩、民风、习俗、语言的"土"去感受其中蕴含的"美"，激发人们对民俗文化的热爱。

> 思考与练习

一、填空题

1. 中国节日按内容分，可分为_____、祭祀节日、_____、庆贺节日、社交游乐节日。

2. 元宵节主要活动有_____、舞狮、踩高跷、_____、吃元宵。

3. 生产民俗的四种形态是山村_____、渔村捕捞民俗、牧村_____、农村农耕民俗。

二、单项选择题

1. 以下表述中，（　　）是圆雕的特点。

    A. 圆雕只有一个观赏面

    B. 圆雕可以"面面观"

    C. 圆雕和浮雕都具有体积感

    D. 圆雕是浮雕向绘画的过渡

2. 雕塑与绘画在空间形体上最主要的区别是（　　）。

    A. 雕塑是无色的，绘画是有色的

    B. 雕塑具有三维空间的形体，绘画则是二维空间的形体

    C. 雕塑和绘画都属于造型艺术

3. （　　）属于中国古代著名的三大楼阁。

    A. 山西平遥古城门楼　　　　　　B. 北京天安门城楼

    C. 湖北武昌黄鹤楼　　　　　　　D. 江西南昌滕王阁

    E. 湖南岳阳岳阳楼

4. "十里不同风，百里不同俗"表现的民俗文化的特征是（　　）。

    A. 民族性　　　B. 地方性　　　C. 传承性　　　D. 变异性

5. "人靠衣裳马靠鞍"，体现的是服装的（　　）。

    A. 审美功能　　B. 标志功能　　C. 实用功能　　D. 象征功能

6. 端午节最主要的节令食品是（　　）。

    A. 饺子　　　　B. 春卷　　　　C. 粽子　　　　D. 元宵

7. 烤馕、抓饭、手扒肉、烤羊肉串等颇具特色的美食属于（　　）。

    A. 内蒙古　　　B. 西藏　　　　C. 新疆　　　　D. 宁夏

三、名词解释

1. 民俗。

2. 礼仪民俗。

3. 生产民俗。

四、简答题

1. 简述民俗的基本特征。

2. 民俗文化的社会功能有哪些？

3. 民俗对发展旅游起了什么作用？

4. 中国居住民俗的民族性和地方性表现在哪里？

单元 8

旅游纪念品审美

案例 1

近年来,在当地政府的支持下,经广西壮族自治区工艺美术研究所的开发与指导,壮锦、铜鼓等富有当地特色的少数民族生活用品被开发成为少数民族地区传统工艺品,为农民增加了收入。

案例 2

四川省雅安市经过对传统乡村旅游商品——茶叶的再度开发,让旅游者了解到茶不仅可以饮,还可以带回家里欣赏。茶叶做的窗帘、中国结、各种造型的茶砖让人眼花缭乱。雅安西康大酒店推出了茶文化酒店的品牌,目前已经开发出 30 多种商品,尤以十二生肖茶最受旅游者的喜爱。

分析:
1. 上述案例中旅游纪念品的成功之处在哪里?
2. 旅游纪念品的开发对旅游市场、地方经济的意义有哪些?

旅游纪念品是旅游产业的一项高附加值产品,目前已受到很多国家的重视。以产值计算,我国是当今全球五大旅游国之一,旅游纪念品市场潜力巨大,但我国的旅游纪念品销售收入占旅游总收入的比例还相当低,远远比不上发达国家。在新的历史条件下,对旅游纪念品推陈出新,继承传统工艺,提出新的设计理念,开发新种类,设计出具有浓郁地域文化特色、时代气息强烈的旅游纪念品,对完善我国的旅游市场、宣传地域文化特色、拉动中国经济发展都具有积极意义。

单元 8　旅游纪念品审美

8.1　认识旅游纪念品

8.1.1　旅游纪念品的内涵

广义上的旅游纪念品是指旅游者在旅途中购买并带回去的商品，包括旅游地的特色工艺品、旅游地的经营管理用品（如门票等）、旅游地的旅游服务用品（如导游图、说明书、图书和音像资料）等。狭义上的旅游纪念品则主要指旅游地的特色工艺品，如特色景观、建筑、纪念事件、纪念日、地方文化等具有纪念意义或实用性，或有收藏和赠送价值的商品。旅游纪念品的种类很多，有传统工艺品、现代工业产品、手工艺制品、书籍、画册等。从教学实际出发，所指的旅游纪念品主要是狭义的，即旅游地的特色工艺品。

旅游是人们体验自然与人文历史的一种活动过程，消费的是旅游资源，得到的是身心的放松和游历的乐趣，是美好的经历和回忆。对旅游者来说，具有吸引力的除自然存在的景观和人文历史遗迹外，还有与特定旅游地相关的旅游纪念品。这些纪念品可供携带、便于收藏，是旅游经历的延伸、旅游记忆的载体。随着人们收入水平的不断提高，旅游者已经不仅仅满足于获得基本的旅游服务，而愿意多花钱购买些旅游纪念品，留作纪念或馈赠亲友，这实际上是旅游活动的延伸和物化。

8.1.2　旅游纪念品的特征

旅游纪念品作为一种与旅游消费有关的特色工艺品，既有一般工艺品的共性，也有自己独特的个性。

1. 旅游纪念品具有文化性

中国文化有着深厚的文化底蕴，如杭州西湖、乌镇等知名风景区彰显了中国文化的婉约、柔和的美，而文化纪念品又是每个观赏者必买的商品。例如，内蒙古的草原、新疆的民族风情等都是中国旅游业发展的一大特色，在旅游纪念品的设计中加入必要的文化元素也是目前发展中国文化产业的一大举措。

2. 旅游纪念品具有独特的地域性和民族性

每个旅游目的地都有自己特殊的文化特点和地域特点，旅游纪念品就应该带有此地域独特的文化和地域特点，这正是旅游纪念品的本质特点，也是旅游纪念品区别于其他商品的标志。旅游纪念品所具有的这些特点不仅是对这个旅游目的地的特色的表现，也是让别人认识这个地方最直观的宣传材料。旅游纪念品的地域性还表现在选材及制造上，如景德镇的瓷器、杭州的丝绸、四川的蜀锦、南京的云锦等。这些纪念品都是立足本地特色，通过展现当地的人文精神来吸引旅游者购买。

3. 旅游纪念品具有较高的艺术观赏性

艺术观赏性是旅游纪念品文化艺术机制中的次核心价值，以不拘一格的设计表达个性，创造意境。以皮影为例，为了适应当代人的生活习惯，现在的皮影纪念品的种类已经远远超出传统的皮影样式，出现了喜羊羊、哆啦A梦等皮影形象。

4. 旅游纪念品具有一定的实用性

实用价值是旅游纪念品文化艺术价值的内在价值。其主要体现在以下两个方面：其一，它具有一定的装饰美化功能，某些旅游纪念品本身就具有实用性，如杯具、折扇、藤椅等。其二，旅游纪念品的应用范围非常广泛，如家庭装修、互赠礼物、场所美化等。一些旅游纪念品具有一定的收藏价值，在美化场所的同时，具有升值的可能性。赋予旅游纪念品实实在在的实用价值，能够吸引更多的旅游者购买，更有利于旅游纪念品文化内涵的传播与发展。

8.2 旅游纪念品设计原则与方法

我国具有悠久的文明史，地大物博，丰富的自然和文化特征构成我国独特的旅游资源，越来越受到国内外旅游者的青睐。旅游纪念品作为旅游商品的特殊部分，它的意义就在于"纪念性"。旅游纪念品的设计应强化旅游景区（点）的特色，针对不同的旅游资源，突出差异性、唯一性，提升其在市场上的竞争力，形成相对的垄断优势，它可宣扬该地区或该民族深厚的历史文化、景区（点）的特色景观、现代人的精神风貌，增进人与人之间的沟通和交流；可增加地方上财政创收、创汇收入，可解决一部分人就业或再就业问题等，为当地的经济建设做出贡献。好的旅游纪念品应该满足旅游者的不同需求：①旅途所经地的形象代表物；②富有审美愉悦的艺术品；③有收藏价值的工艺品；④馈赠亲友的礼品；⑤价廉物美、方便携带。

8.2.1 旅游纪念品设计原则

（1）"意"，即区域性文化的形象体现。任何旅游城市或景区（点）都积累着丰富的人文资源或自然资源。旅游纪念品的设计应承载当地的自然或人文资源信息元素、符号，在设计中艺术地演绎出各种纪念性商品，能概括与传达特定地域文化特色。

（2）"名"，即旅游城市、旅游区（点）的形象名片。旅游区的名片是品牌，以不断提升的品牌知名度吸引旅游者，又可通过旅游纪念品的发售进一步扩大品牌影响力。

（3）"情"，旅游纪念品和其他商品不同之处是人的情感表达。凡是能体现当地朴实的民俗民风特色、独特的自然景观、标志性建筑和最新成就的商品，人们都会把它当作旅游纪念品购买。可以说，"情"是旅游纪念品设计的灵魂。

（4）"新"，指设计思维、设计方法的创新。旅游纪念品的设计创新是无极限的，创新是生命力，是财富源。一是形式新、造型新。二是组合构成新。目前的工艺产品非常讲究新的组合、新的结构穿插、新的综合构成。三是色彩新。色彩要新鲜，有活力，要有视觉的冲击力。四是材料新。利用新的材料、新的创意、新的构成设计出新的产品，具备较高的科技含量。五是构思新。构思要内涵丰富，层次清楚，赋予联想，有文化含量和欣赏价值。

（5）"奇"，旅游纪念品应以独特的地方性，展现出当地自然与人文景观印象。愈是具有地方性和个性愈具有吸引力。

（6）"趣"，旅游纪念品的设计实用性是次要的，审美性是主要的，体现在纪念品本身具有的情趣、生趣和趣味等方面。

（7）"质"，旅游纪念品对文化艺术品位、品质的追求，是通过旅游区的历史、文化和艺术等诸多因素整体地"由表及里"地实现的。

（8）"巧"，如工艺师可将大自然的竹、木、藤等作为旅游纪念品的加工原料，采用雕、刻、镂、编、扎、染等制作工艺，提高现代工艺水平。

8.2.2 旅游纪念品设计方法

旅游纪念品的设计，实质上是一种文化设计。在传统旅游纪念品中占很大比例的手工艺产品，往往是与特定的文化传统和习俗联系在一起的，因此它与人们的日常生活习惯比较接近，又暗含人文价值，容易为人们所接受，但是手工艺是以个人经验和传统为基础的，具有较大的封闭性和保守性。在任何商品生产中，社会需求决定了要设计和生产什么产品，社会需求具有多样性和发展性，把握这些需求，就要把社会的、经济的和文化的进步有机结合起来。

8.2 旅游纪念品设计原则与方法

旅游纪念品尤其要把握各种文化的独特性与时代性。不同环境条件诞生不同的民族和地域特色文化，如希腊文化、埃及文化、印度文化和中国文化等。我国又是一个多民族国家，不同的地域也具有丰富多彩的不同特色的文化，如齐鲁文化、巴蜀文化、楚文化、吴越文化、两广文化等，每一种文化类型都有特定的构成方式及其稳定的特征。旅游纪念品若想充分吸引消费者，毋庸置疑，在设计时凸显特定地区的独特文化内涵是必不可少的。

同时，旅游纪念品设计也要重视艺术创造。旅游纪念品设计，一定意义上也是技术和艺术的有机结合，也就是说，它要在符合科学技术规律的基础上，发挥产品的物质功能和形式的审美表现力。人的需要是不断发展变化的，旅游纪念品形式的发展也是没有止境的，因此审美创造没有极致和终点。

旅游纪念品设计具有市场定向作用，因此需要不断实现产品的更新换代，以便利用科技进步所取得的成果并适应社会生活发展的需要。通过提高产品文化内涵和艺术品位，提升产品价值，从而创造更高的产品附加值。此外，在产品开发中，艺术设计的审美创造也要注意实现差别化和品牌特色。

思考与练习

一、填空题

1. 好的旅游纪念品应该满足旅游者的不同需求：_____、_____、_____、_____、_____。

2. 旅游纪念品设计原则包括_____、_____、_____、_____、_____、_____、_____、_____。

二、选择题

旅游纪念品设计，是一种（　　）。

A. 文化设计　　　　　　　　B. 把握各种文化的独特性

C. 具有时代性　　　　　　　D. 要重视艺术创造

三、简答题

1. 如何理解"旅游纪念品"的定义？

2. 旅游纪念品的特征是什么？

3. 谈谈旅游纪念品的分类情况。

四、分析题

举例探讨分析成功民族旅游纪念品设计案例。

单元 9

旅游工作者的审美修养

案 例

70多岁的老王从南方来北京探望弟弟。弟弟陪其游览北京的名胜古迹。在故宫,老王看得很认真,尤其是对太和殿、乾清宫和坤宁宫看得特别仔细。游览长城时,弟弟向其介绍了长城的历史、作用等,但老王却心不在焉,只是东张西望,跟着弟弟登了一段长城,就要求回去了。在回家的路上,兄弟俩有如下一段对话。

老王:"兄弟,前两天游览的故宫实在好,我喜欢看,跑了大半天,一点也不觉得累。今天游览的长城没有意思,与我们县城的城墙是一样的,没什么看头。"

弟弟很是惊讶:"家乡县城的城墙怎么能与长城比呢!"

老王反驳说:"差不多的。我天天看到县城的城墙,也是用大块的城砖砌的,形状也一样。只是长城比县城的城墙高——长城造在山里,我们县城的城墙是在平地上砌起来的。"

弟弟:"怎么能差不多呢!长城已经有2000多年的历史了……"

老王:"不可能,那么多年的砖头早就烂掉了,我看砖头是新砌上去的。"

弟弟:……

分析:

在此案例中,老王为什么喜欢看故宫而认为长城没有什么看头?

如果你是一名导游,你该如何让老王改变想法?

9.1 旅游者的审美修养

1. 提高旅游者的文化素养，培养审美能力

每个人的审美能力及审美趣味会因其文化程度、艺术修养、生活环境及个人的阅历、性格等不同而大有差别。"行万里路，读万卷书"，书籍中已经包括了很多前人通过旅游和接触社会所获得的知识，如果能够在出行前先读一些书，可以帮助人们更有目的地来选择旅游路线和旅游方式，有重点地进行观赏并深化知识，就不至于同有价值的对象失之交臂。如想要游览西湖，首先要了解历代文人墨客留下的大量遗迹和诗文，它们给西湖增添了无穷的魅力，使它名扬海内外。比较有名的如宋代诗人苏轼的《饮湖上初晴后雨》："水光潋滟晴方好，山色空蒙雨亦奇。欲把西湖比西子，淡妆浓抹总相宜。"诗人把西湖比喻成古代著名的美女西施，不仅写出了西湖的外在情致，而且写出了西湖的内在神韵。旅游者带着这些知识准备再去游览西湖，自然会获得更多的审美感受。有了相应的知识准备，旅游者还应掌握一些审美方法。

1）把握好审美时机

有些景观并不因时间而改变，但也有许多有意义的观赏对象只在特定的季节和时间才会出现，甚至有的数年、数十年才出现一次。这就必须把握好观赏时机，届时前往。"钱塘观潮"最为典型，农历八月十五前后是钱塘江观潮的最好时机，大潮的壮观景象，会使人感到自然的崇高之美。

2）选择好审美角度

即使同一景象，因观赏位置和角度的不同，会造成距离、视野范围、透视关系等的差别，也会产生不同的美感。"横看成岭侧成峰，远近高低各不同"，即很好地说明了观赏位置的作用。因此，合适审美角度的选择是达到如期审美目的的重要保证。

3）安排好审美节奏

在一定时段内，人的感官对外界的信息量有一定的承受限度。刺激强度不足，难以引起足够的兴趣和兴奋，而刺激强度过大又会使人疲劳和麻木，其结果和前者相同。因而在审美活动中，应根据游人的生理和心理承受能力、旅游资源的性质来确定旅游的节奏，有张有弛，才能获得最佳的审美效果。

注意了上述要点，再加上自己的丰富联想，就会使旅游"不虚此行"，真正实现促进身心健康的目的，进而提高自身的审美水平。

单元 9　旅游工作者的审美修养

9.2　旅游工作者的审美修养

无论是作为旅游者的直接审美对象，还是作为旅游者的审美向导（传递审美信息、协调审美行为），导游人员均应从不同角度来培养自己的审美意识，使自己的仪表、风度、心灵、语言、情趣、知识和技艺符合"美的规律"，达到审美化的程度。

1. 仪表美

就仪表而言，导游人员既代表一个民族和国家，又反映出所在旅行社的规格、业务水平，以及个人的修养和精神面貌。一般来讲，人的仪表美是其形体美、服饰美与发型美的有机综合。就形体而言，它如同色彩一样，是最大众化的审美形式。人的形体美通常表现出人的健康状况或身体素质。旅游者对导游的形态要求突出表现在健康美上，因为这关系着整个旅游活动的正常进行与成果效益。仪表美的另一构成要素是服饰美。俗话说"三分长相，七分打扮"，这是有一定道理的。服饰的美，不仅仅反映出人的品格与审美趣味，更重要的是它对人体具有"扬美"与"抑丑"的功能。仪表美的再一个构成要素是发型美。发型作为一门多彩多姿的造型艺术，是体现人的审美需求和性格情趣的直观形式，是自然美与修饰美的有机结合，同时也反映着人们的物质、文化、生活水平和时代的精神风貌。发型也像服饰一样，具有装扮或美化的积极价值。

2. 风度美

风度美是个体审美化的较高层次。一个人的风度，是在漫长的社会生活实践中和不同形态的历史文化氛围中逐渐形成的。它是个人行为举止的综合，是社交中的无声语言，特别是个人性格、品质、情趣、素养、精神世界和生活习惯的外在表现。通常所说的"风姿""风采""风韵"，基本上是指风度的具体显现。可以说，"站、坐、行"三态是人的自然形体在空间中的形象显现，加上优雅的手势和温和的表情，会构成一种和谐的造型美。从静观或动观角度，这种直观的造型美便是风度美的客观具体表现。

3. 心灵美

导游人员对自身心灵美的培养，关键是看其是否具有人道主义精神或助人为乐的情操。在导游过程中，导游人员的心灵美一般是通过具体的行为（周到的服务、文明接待、为旅游者及时排忧解难）和有声的语言表现出来的，即待人自然大方，多干实事，在合理而可能的情况下，根据旅游者的需要提供个性化服务。有些导游人员看到旅游者提不动行李时却没意识到要上前帮忙，或者是看到旅游者在导游活动过程中身体有不适却没有上前关心其身体状况等。通常，在从社会美角度来分辨人的美时，总习惯于把仪表美和风度美归于"表层"的美，而把心灵美称为"深层"的美，我们认为这两者的和谐统一才是一种完整的美。心灵美是人的其他美的真正依托，是人的思想、情感、意志和行为之美的综合表现。

9.3 提高导游旅游审美修养的途径

1. 导游人员要注重自身审美修养的提高

1）丰富自身文化美学修养，掌握好旅游景观的美

旅游景观分为自然景观和人文景观，导游人员根据不同的旅游景观类型有针对性地开展学习。学习自然景观的美，可以从自然景观体现的地形、植被、水系、色彩、线条和声音等方面研究。学习人文景观的美，可以钻研历史、文学诗集、民族风俗等。

2）注重自身形象美的塑造

导游人员在为旅游者服务和追求自我完善的过程中，要力求心灵美、仪表美、气质美、形体美的和谐统一，避免重外美轻内秀，或重内秀轻外美等偏差现象。

3）分析旅游者的审美需求和动机，针对性地传递审美信息

导游人员在旅游接待服务过程中，应当根据旅游者的审美需求和审美动机，有针对性地筛选旅游观赏重点及相关的审美文化信息。首先在安排每天的行程计划时，应当在线路与景点安排上充分考虑旅游者的需求与提议。其次，根据旅行团队的人员构成和行程安排研究旅游者的实际需求和职业、文化水平、兴趣爱好等信息，确定其审美类型并准备好相关景点的资料选择或信息的提炼工作。

4）灵活掌握和运用旅游审美方法

导游人员在旅游审美活动中正确运用旅游审美方法，可以引导旅游者去欣赏美。在旅游活动中，导游人员应该引导旅游者运用不同的观赏方法（如动态观赏、静态观赏、移情观赏，观赏距离，观赏时机，观赏位置与观赏节奏等方法），欣赏形态各异的景观，让旅游者

单元 9　旅游工作者的审美修养

进入物我交感的审美境界。

2. 完善导游培训内容，提高导游人员审美技能

现有的导游培训主要是针对导游技能、导游法规、导游职业道德等常规培训，因此可以增加一些专业性的讲座，如美学、语言学、地理学、礼仪学等。邀请在美学、语言学、礼仪学等方面的资深人士开展专业讲座，对于提高导游人员的审美修养有着深远意义。

3. 深挖旅游产品文化内涵，引导导游人员提升审美修养

在旅游产品的开发过程中，不管是设计者、开发者，还是经营者、管理者都应该拥有一颗弘扬优秀中华文化的心，有一种发现美、创造美、引导美的审美心态，从文化角度来开发旅游资源的内涵文化，让景点富含审美情趣并能自然而然地流露出来，这样导游人员的审美品位自然会得到提升。

旅游者可以从旅游中获得丰富的文化知识。旅游者来自五湖四海，每个人的审美能力及审美趣味会因文化程度、艺术修养、文化传统、生活环境和个人的阅历、志向、性格等的不同而大有差别。正因为如此，作为旅游从业者，我们不仅要具备好的身体素质、心理素质、文化素质、语言艺术能力、独立工作能力、应变能力和公共凝聚力，还要更好地了解民风民俗和宗教知识，进而提高自己的审美容赏能力，只有提高了自己的审美文化素养，我们才能更好地引导旅游者认知文化、享受文化。

思考与练习

一、填空题

1. 作为旅游者直接的审美对象，导游人员的美主要体现在_____。
2. 作为审美信息的传递者，导游语言表达的艺术性主要体现在_____。
3. 通常所说的"_____""_____""_____"，基本上是指风度的具体显现。

二、分析题

1. 导游人员应该如何加强自己的美学修养？
2. 旅游者应掌握哪些审美方法？

参 考 文 献

[1] 陈怡君,唐红云. 旅游美学[M]. 重庆:重庆大学出版社,2014.
[2] 马莹,马国清. 旅游美学[M]. 北京:中国旅游出版社,2005.
[3] 徐缉熙,凌珑. 旅游美学[M]. 上海:上海人民出版社,1997.
[4] 黄艺农. 旅游美学[M]. 长沙:湖南教育出版社,1999.
[5] 马莹. 旅游美学[M]. 北京:中国旅游出版社,2009.